꿈과 같고 이슬과 같으니

꿈과 같고 이슬과 같으니

초판 1쇄 발행 | 2017년 9월 27일
초판 2쇄 발행 | 2018년 2월 5일

엮은이 | 법보신문 편집부
펴낸이 | 남배현

기획 | 모지희
책임편집 | 박석동

펴낸 곳 | 모과나무
등록 | 2006년 12월 18일 (제300-2009-166호)
주소 | 서울시 종로구 종로 19, A동 1501호
전화 | 02-725-7011
전송 | 02-732-7019
전자우편 | mogwabooks@hanmail.net

디자인 | ㈜끄레 어소시에이츠

ISBN 979-11-87280-16-3 03220

이 도서의 국립중앙도서관 출판예정도서목록(CIP)은 서지정보유통지원시스템 홈페이지
(http://seoji.nl.go.kr)와 국가자료공동목록시스템(http://www.nl.go.kr/kolisnet)에서
이용하실 수 있습니다. (CIP제어번호: CIP2017024426)

ⓒ 법보신문, 2017

모과나무 ㈜법보신문사의 출판 브랜드입니다.
지혜의 향기로 마음과 마음을 잇습니다.

꿈과 같고
이슬과 같으니

如夢幻泡影

一切有爲法 如夢幻泡影

如露亦如電 應作如是觀

일체 유위법은

꿈과 같고 꼭두각시와 같고

물거품과 같고 그림자와 같으며

또한 이슬과 같고

번개와 같으니

마땅히 이와 같이 관할지니라

추천의 글

한 송이 꽃의 향기

'한 송이 꽃이 세상에 두루 봄을 알린다'는 옛 스님들의 말씀처럼, 산천초목 모두가 부처의 형상이고, 발 딛는 곳곳이 정토와 다름이 없는 듯합니다.

신심과 신행의 감동을 전하는 지금의 순간 또한, 밝은 세상으로 나아가는 기쁨과 참회의 시간이 교차하고 있습니다. 보이지 않는 곳에서 묵묵히 육바라밀을 실천해 온 신심 장한 불자를 만나는 환희의 시간이며, 스스로의 삶을 비추어보는 성찰의 시간이기도 합니다. 이로써 정토를 알아가는 맑은 마음을 이루게 합니다.

신행수기는 불자로서의 일상과 마음을 진솔하게 드러내는 것으로 인욕과 자비, 그리고 불퇴전의 의미를 알아가고, 다시 그 마음 그대로 소탈하고 친숙하게 전해주고 있습니다. 나에 대한 스스로의 감동이 없다면 남에게도 감화의 마음으로 다가갈 수 없습니다. 그러기에 자신이 써내려간 신행과 그 마음가짐은 불자의 모습을 행동으로 보여주는 참된 일이자, 이 시대의 보살행을 여러 도반에게 나누는 모범이라 할 것입니다.

남에 대한 배려, 사람에 대한 존중, 사람과 사람 사이 흐르는 정, 이 모두가 눈에는 잘 보이지 않지만 너무도 소중한 마음들입니다. 사회가 편리해지고 발전할수록 소홀하고 등한시 해온 가치들이기에, 세상은 발전해 가는데도 불안과 걱정이 더 쌓여가는 이유이기도 합니다.

급변하는 시대인 만큼 세상의 흐름에 결코 불제자로서의 삶이 뒤쳐져서는 안 될 것이며, 선대로부터 물려받은 수승한 정신의 삶과 실천으로 스스로는 물론 힘들어하는 이들에게 밝은 빛이 되어 주어야 하겠습니다. 올바른 가르침을 바탕에 두고, 진솔한 실천과 대자대비의 마음으로 소중한 것들을 잃지 않으며 세상을 감동시켜 나가기를 바랍니다.

올해의 신행수기 또한 모두에게 꽃향기로 전해집니다. 감동으로 전해져 마음마다 희망의 든든함으로 들어서게 될 것입니다. 장한 신심으로 묵묵히 불자의 길을 걸어온 한 송이 꽃이, 수많은 사람을 만나고 그만큼 푸른 신록으로 마음 깊이 감동과 용기로 전해지기를 기대합니다.

오늘의 축하와 감동은 세상 곳곳이 이미 정토로 장엄되고 있음을 알려주는 유익한 시간을 만들어 깊은 인연이 되어줄 것입니다. 제4회 신행수기로 서로에게 감동을 전해주신 모든 분들께 거듭 고마운 인사를 드리며, 공모를 거듭할수록 진솔한 감동은 깊어지고 희망의 소식을 더 널리 알려가는 법보신문과 불교방송의 노고에 깊은 감사를 전합니다.

　함께하신 모든 인연들이 불자로서의 자긍심과 불퇴전의 용기를 갖는 소중한 시간이 되어주길 바라며, 감동을 나누는 오늘이 사회와 이웃의 행복과 희망의 앞길을 환하게 열어주기를 기원합니다.

자승 | 대한불교조계종 총무원장

추천의 글
절망 속에서도 희망은 피어난다

어느덧 네 번째 신행수기 이야기입니다. 《나는 그곳에서 부처님을 보았네》,《가피》,《믿는 마음》 그리고 이번 《꿈과 같고 이슬과 같으니》까지 그동안 신행수기 공모에 참여해주셨던 1,000여 점의 응모작들은 모두 부처님의 진리였습니다.

특히 올해는 어머니를 향한 애틋한 마음을 담아낸 사모곡부터 군 복무 중 부처님 앞에서 마음 다스리는 법을 배웠다는 청년 군인, 젊은 나이에 받은 암 진단을 부처님의 초대장이라 생각하고 극복하고 있다는 보살님, 죽음의 문 앞에 놓인 환자의 마음을 녹인 불교 호스피스 봉사자의 글까지 가슴 한편에 먹먹함을 전해줍니다. 동시에 그 분들의 신심과 진심이 담겨있는 소중한 순간의 기억을 같이 추억하게 되었습니다.

누구에게나 인생은 되돌릴 수 없습니다. 그러니 어느 한 순간도 소홀히 여길 수는 없습니다. 다만 그 중에서도 특히 삶의 중요한 계기가 되는 시점이 있습니다. 그때를 지나는 시간은 이전의 삶을 종합하면서 동시에 이후의 우리 삶을 규정합니다. 아기가 태어나는 순간, 남녀가 만나 가정을 이루는 순간, 이 세상의 인연이 다하여 생을 마감하는 죽음의 순간 등이 그럴 것입니다.

이러한 중요한 순간들마다 좋은 일이 다음에 올지 나쁜 일이 다음에 올지 우리는 알 수 없습니다. 고난과 역경의 끝에서도 다음에 어떤 일이 다가올지 우리는 알 수 없습니다. 신행수기는 그러한 삶의 진실을 고스란히 보여줍니다. 고난과 역경이 가져다줄 수 있는 기쁨, 그 과정에 담긴 자기 구원의 의미를 찾아 스스로의 인생을 정직하게 바라본 사람만이 할 수 있는 순수한 고백입니다.

지극한 기도와 수행을 통해 느낀 솔직한 감정들을 접할 때 우리는 부처님에 대한 믿음을 다시금 체험합니다. 그 믿음을 바탕으로 절망 속에서 희망을 찾아낼 수 있는 계기를 만들어주는 신행수기 공모전은 불자들의 위안과 안식처가 될 것입니다.

많은 응모작들 중에서 당선작을 선정하는 것은 어느 분의 인생을 선택하느냐 하는 어려운 작업이었다고 들었습니다. 심사위원님들께 감사드립니다. 또한 어려운 여건에서도 해마다 신행수기 공모전을 주관해오고 있는 법보신문사, 불교방송 임직원 여러분의 노고에 감사드리며, 믿음을 실천하는 불자의 삶을 이어갈 수 있기를 기원합니다.

이기흥 | 대한불교조계종 중앙신도회장

머리글
한국불교 신행의 이정표

참으로 좋은 날, 참으로 좋은 시간입니다. 행복과 기쁨으로 알알이 맺힌 제4회 대한불교조계종 신행수기 수상자들의 수행과 신심의 기록들을 책으로 엮게 되었습니다. 불교의 미래가 신심 장한 불자들의 삶으로 인해 화사하게 빛나고 있다는 사실에 벅찬 감동을 느낍니다.

수상자들의 삶의 환희가 고스란히 전해지는 것은, 이분들이 꽃과 같기 때문입니다. 모진 고난 속에서도 굴하지 않고 마침내 온몸으로 피어나 향기를 전하는 꽃처럼, 이분들 또한 시련을 딛고 일어나 그윽한 법향을 퍼뜨리고 있습니다.

꽃은 가장 시렸던 겨울의 한복판에서도 꽃봉오리에 대한 믿음을 버리지 않습니다. 얼어붙은 땅이 뿌리를 옥죄고, 차가운 바람이 줄기를 세차게 흔들어도 실망하지 않습니다. 밤새 내린 눈이 온 세상의 무게를 담아낸 듯 무겁게 짓눌러 와도 좌절하지 않습니다. 봄이 오면 꽃봉오리가 마침내 활짝 피어나게 될 거라고 믿기 때문에 그렇습니다.

수상자 여러분들이 신심을 다하여 적은 글들에서 불법이라는 이름의 꽃봉오리를 만날 수 있었습니다. 아무도 대신해줄 수 없고, 줄여줄 수 없는 고난 앞에서도 부처님을 알고, 부처님을 믿으며 우직하게 발걸음을 옮기는 모습이 눈앞에 펼쳐집니다. 아무것도 보이지 않는 암흑 속에서, 저 멀리 보이는 불법의 가느다란 빛줄기를 향해 손을 뻗는 여러분들 모습이 눈앞에 그려집니다.

그래서 여러분들의 신행수기는 가피의 놀라운 여정이라고 해도 과언이 아닐 것입니다. 제자리에 앉은 채 받기만을 바라는 게 아닌, 스스로 건져 올린 가피에 대한 이야기이기 때문입니다. 그 한 글자 한 글자는 모두 한국불교 신행의 이정표 가운데 하나로 기록될 것입니다. 이처럼 자랑스러운 여정이 이제는 향기가 되어 세상을 더욱 아름답게 만들고 있으니, 한국불교의 자랑으로 삼기에 모자람이 없습니다.

지금도 곳곳에서는 끝없어 보이는 막막함으로 인해 고통을 겪는 이들이 많습니다. 꽃봉오리의 존재를 잊은 채 줄기를 힘없이 늘어뜨린 이들이 적지 않습니다. 하지만 희망의 이야기들이 모일 때 그것은 새로운 가피가 되어줄 것을 확신합니다. 이제 여러분들 각자의 이야기를 세상에 향기로 전하도록 합시다. 여러분들의 이야기가 보다 많은 이들에게 알려져 신심과 가피의 참된 의미가 이 땅에 그득히 들어서게 되기를 발원합니다.

김형규 | 법보신문 대표

차례

추천의 글
한 송이 꽃의 향기 | 자승(대한불교조계종 총무원장) 7
절망 속에서도 희망은 피어난다 | 이기흥(대한불교조계종 중앙신도회장) 10

머리글
한국불교 신행의 이정표 12

어머니를 위한 처음이자 마지막 효도 18
용광로에서 연꽃을 피우는 도리 30
방생법회 41
부처님 품 안에서 평화를 얻다 47

나의 전부가 된 부처님 가르침 60
타인의 심장으로 사경수행의 환희를 느끼다 72
한 발 물러서는 것도 괜찮다 82
물이 흐르 듯, 바람이 불 듯 95

참마음을 찾아서 106
포교의 길, 무소의 뿔이 되어 116
참생명 아미타불께 의지하며 살아갑시다 129
날마다 연꽃 피어나는 걸음 되소서 139

엄마는 부처님 나는 문수보살 152
내 마음속의 부처님, 어머니 162
김 순경 169
마음의 연꽃을 피우기 위해 177
날마다 좋은 날 185

세상의 모든 행복은
어디에서 오는가
그 모든 것은
남을 위하는 데서 온다

세상의 모든 불행은
어디에서 오는가
그 모든 것은
자신을 위하는 데서 온다

총무원장상

어머니를 위한
처음이자 마지막
효도

원만혜 김승은

시간이
사라지는 병

"누나 빨리 좀 내려오면 안 돼?"

다급하진 않지만 절박하고 애원하는 듯한 막내 동생의 전화 음성 속에서 친정어머니의 병세가 위중해왔음을 느꼈다.

"응… 25일 내려갈게."

2017년 정유년 구정을 앞두고 집안일에 사찰신도회일까지 바빴지만 막내 동생의 전화 음성이 귀에 쟁쟁거려 일이 손에 잡히질 않았다. 급한 일 대충 해놓고 구정 전 잠시 다녀온다는 생각으로 부산행 KTX를 타기 위해 서울역으로 향했다.

누구에게나 그렇듯 어머니는 위대하고 삶에 절대적인 존재이다. 어머니는 여느 때처럼 자식들 주려고 김치를 담그시다 허리를 다쳐 2년째 요양병원에서 투병생활을 하고 계셨다. 병상에 계신 어머니가 자식들을 위해 해줄 수 있는 건 밥 잘 챙겨 먹고 조심히 다니라는 말씀이 전부였지만 나에게는 살아계시기만 하여도 힘이 되고 행복했다. 그런 어머니를 뵈러 가는 중이었다. 멀리 떨어져있고 바쁘다는 이유로 병석에 계신 어머니를 자주 찾아 뵙지 못하여 마음이 아프고 늘 죄스러웠다. 금방이라도 훌훌 털고 일어나실 것만 같았는데 그때 이후로 어머니는 일어나시지 못하고 아이처럼 누워 간병을 받으셔야 했다.

영원히 기다려주시고 자식들 곁을 지켜주시리라 믿었던 불사조. 내가 힘들 때마다 염호하면 어떤 모습으로든 화현하시는 관세음보살님! 그런 어머니셨다. 기차를 타고 가는 내내 어머니에 대한 걱정을 관세음보살님 정근으로 달랬다. 어머니에 관한 이런저런 상념으로 기차는 금방 부산역에 도착하였고 역에 마중 나온 동생차를 타고 병원으로 향했다.

동생의 무거운 표정에서 어머니의 상태가 위중함을 알 수 있었다. 병원으로 가는 10여 분의 거리가 그토록 멀게 느껴진 건 처음이었다. 병실에 도착해서 만난 어머니 모습은 너무 낯설게 바뀌어 있었다. 치매 초기가 와서 머리에 지우개를 갖고 계시는지 딸을 보고도 표정이 없으셨다.

나를 보면 울다가도 웃으시고, 누웠다가도 벌떡 일어나 기뻐하시던 어머니인데. 내가 금방이라도 가버릴까 봐 눈에서 잠시라도 보이지 않으면 찾으시던 어머니셨다. 배뇨가 잘 안 되는지 어머니의 몸은 부어 몰라보게 변해있었다. 음식물이 기도로 흘러들어가 폐렴이 왔다고 했다. 어머니의 코엔 산소 공급 호스가 연결되어 있었는데, 그게 불편하셨는지 자주 뽑으시니까 어머니의 두 손에 벙어리장갑이 씌워져 있었다. 너무도 생소한 모습에 가슴이 미어져 어머니를 안았더니 고통스럽게 고함을 치셨다. 놀라서 몸을 살펴보니 어깨부터 팔까지 대상포진이 와 있었다. 의료진을 불러 포진 부위를 보여줬더니 몰랐다는 소리를 한다. 상태로 봐선 경과가 좀 된 것 같았다.

방치한 것 아니냐고 항의하자 당황해하며 사과하는 무책임한 의료진과 간병인에게 너무 화가 났다. 그동안 얼마나 아프셨을지…. 요양병원의 한계를 느낀 우리 남매는 양산 부산대학병원 응급실로 어머니를 급히 옮겼다. 치매로 인해 의사 표현이 서툰 어머니는 어디로 가는지도 모르고 구급차 안에서 나의 손만 꼭 잡은 채 말씀이 없으셨다.

이렇게
무상한 일인데

딸과 함께 타고 가는 이 길이 집으로 가는 길인 줄 알고 계셨는지 평온해 보이셨다. 자식은 어머니의 보호자가 되어 있었고 어머니를 위한 모든 선택을 해야 하는 자식들에겐 긴장되고 긴박한 순간이 이어졌다. 병원을 옮겼으니 진료에 필요한 새로운 검사가 진행되었다.
  폐렴으로 폐 손상이 심했고 부정맥이 와서 많이 위험하다고 했다. 배뇨가 잘 안 되어 퉁퉁 부은 어머니 몸엔 소변 호스가 하나 더 추가되었다. 치매 장애로 소리를 질렀기 때문에 주변 환자분들에게 피해를 드릴까 봐 1인실을 사용해야 했다. 살아생전 처음 사용하는 특실이다. 치매가 아닌 다른 병이었다면 어머니는 비싼 병실 사용한다고 분명 우리들을 혼내셨을 것이다. 그러나 지금의 어머니는 여기가 어디인지 왜 여기에 있는지도 몰랐다. '아야…' 하며 어머니가 소리를 지를 때마다 나는 어머니의 두 손을 잡고 관세음보살님을 염호했다. 어머니의 아픔이 조금이나마 덜어지기를 간절히 또 간절히 기도했다.

어머니는 묽은 미음을 드셨는데 음식물이 자꾸 기도로 들어갔다. 위험한 상황이 더 벌어지기 전에 음식 줄을 코로 통과시켜 위 속으로 연결해야 했다. 어머니의 몸에는 줄이 늘어갔다. 주렁주렁 달린 것이 마치 고달픈 인생이 준 훈장줄처럼 보여 가슴이 무너져 내렸다. 어머니의 몸은 하나씩 기능을 잃어갔다. 어머니의 변하는 모습을 지켜보며 '제행무상·제법무아·일체개고'라는 삼법인의 가르침이 저절로 떠올랐다.

부처님 가르침, 그 진리가 울림이 되어 가슴이 사무치도록 아팠다. 어머니께 너무 죄스러웠다. 모든 것은 변해갔다. 이렇게 무상한 일인데 허상에 집착해 업 짓고 사느라 자식된 도리도 소홀히 했던 나 자신이 보였다. 나는 어머니를 보면서 하염없이 울었다. 어머니는 평소에 거추장스러운 것을 싫어하셨다. 그런 분이 연명을 위해 몸에 걸치게 된 저 많은 줄들이 얼마나 불편하고 싫으실까….

독경으로
고통을 잊고

대학병원으로 옮기며 개인 간병인을 보내고 내가 어머니 간병을 대신하기로 했다. 어머니를 위한 처음이자 마지막 효도가 될지도 모른다고 생각했다. 사는 게 뭔지 어머니 건강하실 때는 남들이 자주하는 여행 한 번 같이 못했다. 딸이라고는 하나인데 어머니 손을 잡고 다정하게 백화점 쇼핑 한 번 못했다. 어머니는 "남들처럼 나도 딸이랑 시장 다니고 구경 다니고 싶다"고 늘 넋두리처럼 말씀하셨는데… 그게 뭐 그리 어렵다고 못해 드렸는지. 가슴을 쳐봐도 소용이 없는 회한이 온몸을 저리게 휘감아 왔다. 가끔 소풍 삼아 어머니 모시고 절에 갈 때면 아이처럼 좋아하셨는데 말이다. 담당 의사는 마음의 준비를 하라고 했는데 아무리 해도 그 말이 실감이 나지 않았다. 내 어머니는 아무리 아파도 한밤 자고 나면 오뚝이처럼 일어나셨으니까….

신묘장구대다라니경을 독송했다. 어머니를 고통에서 벗어나게 해 달라고 부처님께 매달렸다. 너무도 큰 것을 잃고 난 후 얻게 된 어머니와의 소중한 시간이다. 치매가 오고 나서 어머니 스스로 할 수 있는 것들이 하나둘씩 줄어들었다. 불편하고 맘에 들지 않으면 아프다고 소리를 지르게 되었다. 그러다 지치면 아기 모습이 되어 주무신다. 이런 일이 이제는 일상이 되었다. 평생을 불자로 살아오셨고, 향

내음을 향수처럼 좋아하시던 어머니셨다. 깨어서 소리 지르실 때는 그 고통을 잠시나마 잊게 해드리려고 웹에 올라와 있는 금강경 독송을 들려 드렸다. 어머니가 평소에 즐겨 독송하던 경전이다.

가만히 경전을 듣고 계시던 어머니는 소리 지르는 것을 멈추고 합장을 하셨다. 어머니 의식 속에 가둬뒀던 언어들을 반추하듯 또박또박 기도를 하셨다.

"관세음보살님 감사합니다. 관세음보살님 고맙습니다. 관세음보살님 사랑합니다."

이토록
행복한 시간

반갑고 그리웠던 내 어머니의 기도 모습이었다. 오랜 병상 생활로 매무새는 예전 같지 않지만 내가 알고 있던 어머니 모습이 기적처럼 다시 나타난 것에 감격의 눈물이 흘렀다. 어머니가 바로 대자대비하신 관세음보살님이셨다.

어머니 건강을 늘 걱정하긴 했지만 간절하게 기도해본 적이 없던 나는 어머니를 위해 독송과 함께 사경을 하기로 마음먹었다. 병실 침대 위에 부착된 환자용 식탁을 펼쳐놓고 신묘장구대다라니 백팔 독경과 함께 백팔 번 사경을 시작했다. 내가 사경을 하고 있으면 어머니는 신기하게도 지르던 소리를 멈췄다. 그리고는 고요한 눈빛으로 나를 가만히 바라보셨다. 오래도록 이렇게 같이 살 수 있을 것만 같은 행복한 시간이었다.

　이렇게 감사한 시간을 어머니가 이토록 아프고서야 갖게 되었다. 너무나 큰 불효를 하며 살아온 내 자신이 한없이 원망스러웠다. 후회가 밀려왔다. 기도하고 사경하는 시간만큼은 어머니가 조용히 지내셔서 이 또한 관세음보살님 보살핌이고, 부처님의 가피라 생각하며 마음속으로 더욱더 간절히 기도했다. 어머니는 힘든 투병 속에서도 하루하루를 잘 견뎌주셨다.

　해마다 설날 다음 날은 우리 사남매 가족들이 모여 어머니를 모시고 근교로 나가 행복한 시간을 보내곤 했었는데 올해는 병원에서 보내야 했다. 올케가 떡국을 끓여 보내주었다. 세배 대신 그 국물을 어머니 입에 조금씩 넣어드렸다. 남은 건더기를 내가 먹으려니 눈물이 흘러서 삼킬 수가 없었다. 그래도 관세음보살님이 지켜주고 계셨는지 신묘장구대다라니 기도 덕분인지 어머니 상태는 호전되지도 더 악화되지도 않았다. 마음의 준비를 하라는 의사의 소리도 잊은 채 어머니는 우리와 같이 오래 계실 것만 같았다.

사경을 끝내며

설날 연휴를 맞이해 어머니 문병 차 내려온 식구들이 같이 집으로 올라가자고 했다. 내가 오랫동안 집을 비웠으니 걱정이 된 것이다. 간병하느라 나의 심신도 지쳐 있어 따라가고 싶었다. 그러나 연휴에는 간병인을 부르기가 쉽지 않다. 어머니 상태는 일반 간병과는 달라 경험이 풍부한 간병인이 필요했다. 연휴 끝나면 출근해야 하는 식구들을 먼저 보내고 나는 간병인이 온 후 집에 가기로 했다. 간병인은 설날 연휴 보내고 초삼일날 10시까지 오겠다고 했다.

어머니와 몇 시간이라도 더 있고 싶은 간절함이 나의 마음을 잡기도 했지만 어머니 앞에서 신묘장구대다라니 독경과 사경을 꼭 마무리해야 할 것 같았다. 초삼일날 간병인은 급한 일이 생겨 12시까지 온다고 했다. 나는 어머니 아침을 음식 줄로 넣어드렸다. 그리고는 입 안이 개운하도록 가그린을 거즈에 묻혀 닦아드렸다. 나이답지 않게 고운 어머니 얼굴이었다. 내 얼굴을 비비며 이마부터 양볼 턱까지 뽀뽀를 해드렸다. 어머니도 가만히 내 얼굴을 만지더니 눈물을 흘리셨다. 어머니 정신이 돌아온 듯해 눈물이 북받쳐 올라왔다. 감격이 서러움이 되어 자꾸만 눈물이 나는데 나는 그 모습을 보이기 싫어 어머니 가슴에 얼굴을 묻고 어머니의 젖가슴을 만져 보았다. 따뜻한 젖가슴 아래 어머니의 심장이 고르게 뛰고 있다. 나의 원천 나의 고

향⋯. 어머니는 나의 체온을 느끼며 뭔가가 보이는 듯 허공을 향해 옹알이를 하고 계셨다.

 '팔십 평생 여자로, 아내로, 엄마로 살아오면서 핏방울로 월계관을 만드셨네요. 먹이 줄, 소변 줄, 생명 연명 링거 줄은 엄마 수고했다고 인생이 주는 훈장 같습니다.'

 팔순 엄마는 삶의 잔상들을 놓고 옹알이를 하고 있었다. 서럽고 기막힌 수많은 한을 가슴에 휴지 구기듯 넣고 가슴앓이로 만드시더니 이제 그 휴지를 하나하나 펼쳐 놓으시며 옹알이로 설명하고 계셨다. '모두 다 풀고 가옵소서. 설날 까치가 울면 좋다는데 울 엄마의 옹알이는 아픕니다.'

 어머니는 옹알이를 하고 나는 신묘장구대다라니 독경을 하니 하모니가 잘 맞는 것 같았다. 어쩌면 어머니도 건강하실 때 늘 하시던 관세음보살님 정근을 하고 계셨는지도 모르겠다. 백팔 독경을 끝내고 백팔 사경도 마저 끝냈다. 그런데 백팔 번째 사경을 끝내는 순간, 어떤 직감이 들었다. 빗나가기를 바라는 불길함. 문득 어머니의 심장박동기를 보니 수치가 55, 54, 53⋯ 계속 떨어진다. 당황해 간호원 호출벨을 눌렀다. 수치를 본 간호사가 황급히 나가더니 응급의료진들이 무더기로 들어와 병실이 순식간에 아수라장이 되었다. TV에서나 보았던 응급 의료기구들과 심장충격기 등이 동원되고 의료진들은 긴박한 순간을 발 빠르게 움직였다. 꿈이길 바라는 모든 상황들이 내 눈앞에서 펼쳐지면서 어머니와 이별의 시간이 왔음을 알려주었다. 연극의 1막이 내리고 다음 막의 준비를 위해 일사분란하고 빠르게 움직이는 배우와 스태프들처럼 어머니의 심폐소생을 위해 긴박하게 움직이는 의료진의 모습도 커튼에 가려진 무대 뒷모습 같았다.

마지막 무대

지금 눈앞에 벌어지는 모든 광경이 내가 관객으로 앉은 연극 무대이기를 바랐다. 어머니는 떠나실 준비를 하고 계신 듯했다. 얼른 동생들에게 연락을 했다. 병원에서 10분 거리에 사는 동생들이 모두 도착하기 전 어머니가 돌아가실까 봐 죽을 만치 간절하게 기도했다.

"대자대비하신 부처님, 어머니께서 동생들을 보고 가실 수 있도록 도와주세요."

동생들이 한 명씩 도착하고 설 연휴 중인 조카들까지 모두 도착했다. 어머니는 자식들이 모두 도착하자마자 심정지 상태로 들어가셨다. 동생들이 좌우로 서서 어머니의 양쪽 손을 잡으니 어머니는 동생들 손을 꼭 잡고 놓지를 않으셨다.

'아, 어머니는 기다리고 계셨구나. 자식들이 보고 싶어 기다리고 계셨구나.'

우리 형제들은 참아왔던 눈물을 봇물처럼 쏟아냈다. 어머니는 자식들과 손주들이 모두 지켜보는 가운데 정유년 정월초삼일 오전 11시 편안히 영면에 드셨다.

어머니를 간병하면서 일어난 모든 일들이 부처님이 내려주신 기적 같은 크나큰 가피라고 생각했다. 간병인이 도착시간을 12시로 늦추지 않았다면, 그래서 내가 식구들과 함께 집으로 갔다면 어머니의 임종을 지켜보지 못했을지도 모른다. 다른 사람을 통해서 임종 소식을 전해 듣는 불효와 통한을 남겼을 것이다. 어머니 앞에서 끝내고 싶었던 백팔 독경과 사경 덕분에 우리 사남매 모두 어머니의 마지막을 지킬 수 있었다. 어머니를 위한 마지막 효도를 부처님의 가피로 올릴 수 있었다.

"시방삼세에 함께 계시며 중생의 기도에 응답하여 주시는 거룩한 부처님! 고맙습니다. 감사합니다. 사랑합니다. 이 세상에 가없는 어머니를 기리며 부처님 삼보에 사모곡으로 대신합니다."

바라밀상

용광로에서
연꽃을 피우는
도리

청정행 조용희

새벽 예불의 시작

20년째 매일 천배를 하고 있다. 기분이 좋을 때나 그렇지 않을 때나, 몸이 건강할 때나 그렇지 않을 때나 천 번의 절로 하루를 시작한다. 간혹 여행을 가더라도 어떻게 해서든 천배를 빠뜨리지 않는다. 절은 내게 수행의 오묘한 세계를 보여주었으며, 평온함과 건강도 함께 주었다. 내가 주변 사람들에게 수시로 불교를 얘기하는 것도, 뒤늦게 대학원 입학해 불교학을 공부하게 된 것도 모두 절이 있었기에 가능했다.

내 인생의 전환점은 1994년도 2월 말에 한 여대생과의 만남에서 시작됐다. 당시 나는 과천에서 조그마한 미용실을 운영하고 있었는데, 후에 《오체투지》를 쓰게 되는 작가 한경혜 씨가 대학 입학식에 예쁜 모습으로 가고 싶어 미용실 문을 두드리는 데에서 인연이 시작되었다.

그녀는 미용실에 올 때마다 본인 이야기를 서슴없이 들려주었다. 본인이 뇌성마비였고, 일곱 살 때 또다시 고열이 나고 경기를 일으켜 지푸라기라도 잡고 싶은 심정으로 성철 스님을 찾아갔다고 했다. 성철 스님은 "매일 천배씩 하라"고 말씀하셨고 그때부터 지금까지 매일 천배를 하고 있다고 했다. 또 "3년 동안 하루도 빠지지 않고 절하면 평생 먹고살 길이 생긴다"며 내게 절을 권했다. 처음에는 반신반의하며 망설였지만 얼마 뒤 나는 절을 시작했다. 당시 내게는 제일 급한 일이 먹고사는 문제였기 때문이다. 언제 상가에서 쫓겨날지 모르는 절박한 상황이었기에 '그래 3년 절하면 평생 먹고살 수 있다는데, 나도 한번 해보자'며 절을 시작했다.

매일 새벽, 예불과 능엄주 독송을 하고 백팔참회문을 읽으면서 절을 했다. 날이 갈수록 절이 몸에 익어가고 마음은 점점 차분해졌다. 그렇게 3년이 가까워질 무렵 주변에서 IMF 경제 위기로 사람들이 힘들어 하는데 그들을 위해 다 같이 모여 하루 만배를 하자고 제안했다. 하루에 삼천배도 힘든데, 어떻게 만배를 한단 말인가? 그전에도 삼천배를 어렵게 했던 기억이 있는 터라 그 말을 듣는 순간 고개를 설레설레 흔들었다.

그런데 시간이 지날수록 잔잔한 호수에 돌이 던져진 듯 내 마음에 파문이 일었다. '그래도 못해, 하루에 만배라니…' 그러나 마음 한 곳에서는 이때 안 하면 언제 해볼까 싶은 마음이 들었다. 그러면서 어린 시절부터 들곤 했던 풀리지 않는 호기심들도 다시 커지기 시작했다.

'나는 누구고, 어디서 와서 어디로 가는 존재일까?'

절을 하면 그 답을 알 수 있을 것만 같았다.

더 이상 고민을 하지 않고 일단 만배에 도전하기로 결심했다. 그렇게 해서 1998년 새해가 시작되던 첫날 자정에 보광사에서 만배 정진에 들어갔다. 전날 밤 11시에 밥 먹고 이런저런 준비하고, 12시 새해 자정과 동시에 절을 시작했다.

한 배 한 배 부지런히 절을 했다. 삼천배를 넘어 사천배까지는 그런대로 견딜만했다. 만배 도전을 포기하는 분들이 나타날 때도 안타깝다고 생각했는데 내게도 그런 유혹은 어김없이 찾아왔다. 오천배, 육천배, 칠천배에 이르자 말로는 다 표현하지 못할 엄청난 육체적 고통의 경계가 왔다. 온몸이 당장 부서져나가는 듯했고, 절 한 번 할 때마다 몸의 무게가 천근, 만근이었다. 칠팔천배에 힘들 거라는 귀띔은 이미 들었지만, 정말 너무 힘들어 나도 모르게 욕이 터져 나올 것 같은 순간도 있었다.

'왜? 무엇 때문에? 이런 고통을 겪으며 절을 하고 있지?' 하는 생각들이 끊임없이 밀려들었다. 그렇게 스스로를 향한 쉼 없는 질문과 더불어 몸이 물 먹은 솜처럼 쳐져갔다.

모든 시간이 그렇듯 아무리 고통스럽더라도 시간은 어김없이 흘러갔다. 잠깐의 저녁 공양을 끝내고 법당에 오르면서 다시 마음을 다잡았다. 오늘 이렇게 절을 할 수 있도록 뒷바라지 해주신 분, 장소를 제공해주신 스님 등 많은 분들을 생각하니 감사의 마음이 들었다. 동시에 여기서 포기하면 평생 후회할 것 같았고, 차라리 절하다 죽는 길을 택할까 하는 마음도 들었다. 뒤죽박죽 얽히고 고무풍선처럼 금방이라도 터질 것 같은 내면의 감정들은 시간이 지날수록 미묘한 변화가 느껴졌다.

풀잎 끝에 매달린 아침이슬이 햇빛을 받으면 사라지듯 온갖 잡념 또한 조금씩 사라지고 오로지 절하는 데에만 집중을 하게 되었다.

그런데도 여전히 마음속은 고통과 평온의 시간이 번갈아 찾아왔다. 마침내 20시간 30분 만에 그렇게 꿈꾸던 만배에 도달할 수 있었다.

만배를 해냈다는 그 한 생각으로 기쁨에 젖어 있을 새도 없이 입에서는 죽을 것 같은 신음이 자동화 시스템이 부착된 기계처럼 줄줄 새어 나왔다. 한편으로 동참한 모든 분들께 고맙고, 감사한 마음을 가슴에 새기며 드디어 해냈다는 성취감에 스스로도 대견함을 느꼈다.

만배 정진을 하겠다

그 후로, 두 번 더 만배 기도 모임에 동참하면서 '이렇게 해서는 안 되겠다, 더욱 열심히 해야지' 하는 생각이 들었다. 아무리 힘들어도 새벽에 일어나 절하면서 내가 지은 업장에 대해 참회했다. 평소에는 생각이 없다가도 절만하면 아주 오래된 기억에서부터 몇 시간 전 손님들과 나누었던 사소한 대화까지, 잘못된 행동과 말실수를 하던 생각이 선명하게 나타나 스스로를 힘들게 했다. 그 무렵 한경혜 씨 어머니는 내게 "하루에 천배를 하면 지금보다 훨씬 좋아지고 더 나은 삶을 살 수 있다"며 매일 천배할 것을 권유했다.

이때도 처음에는 덜컥 겁부터 났다. 그러나 곰곰이 생각하니 지금이야말로 나를 변화시킬 수 있는 좋은 기회였다. 그 후 몇 달 뒤인

1998년 7월, 드디어 천배를 시작했다. 매일 천배를 하는 도중 일주일에 한 번 미용실 쉬는 날은 하루 만배를 했다. 그러다 만배를 100일간 해보겠다는 다짐도 하게 되었다.

매주 화요일을 만배 절하는 날로 마음속에 정하고, 월요일은 조금 일찍 미용실 문을 닫는다고 스스로 규칙을 세웠다. 그래도 내 맘과 달리 손님이 많은 날은 늦게 끝나기도 하고, 다른 온갖 일들이 많이 생겼다. 그렇지만 절하는 날에는 무슨 일이 생겨도 우선으로 꼭 절하는 데 마음을 두었기 때문에 다른 일에는 눈을 돌리지 않았다.

매주 만배의 절은 나 자신의 의지력을 향상시키는 데 크게 일조했다. 때로 힘든 날은 한없이 의지력이 약해지기도 했다. 그럴 때면 주변의 도반들이 큰 도움을 주셨다. 그 덕에 연속해서 3일간 만배를 하고, 백중날에 맞추어 매일 만배를 7일간 하는 날도 있었다. 7일간 절하고 나서는 앞으로는 못하겠다 싶으면서도 묘하게도 다음 날이면 또 절을 했다. 이렇게 반복에 또 반복을 하는 나날이었다.

그리고 마침내 만배 백일에 착수했다. 만배를 100일간 지속하는 것은 전혀 차원이 다른 일이다. 부지런히 서둘러도 하루 18~19시간을 절해야 하는 까닭에 잠자는 시간은 기껏해야 서너 시간도 되지 않았다. 그것도 100일씩이나, 때문에 그것은 곧 스스로를 극한의 고통으로 몰아넣는 일임을 의미했다. 탐욕과 분노, 어리석음에 휩쓸리는 나를 바꾸기 위해선 때론 불가마 속에서 도자기가 탄생되어 나오듯이 고된 인내의 시간이 필요하리라 확신했다.

2000년 9월 미용실을 잠시 다른 사람에게 맡겼다. 절하려면 머리 감을 시간이 없겠다는 생각이 듦과 동시에 굳은 결심을 굳히기 위해 삭발을 감행했다. 까끌까끌한 삭발 머리를 쓰다듬으면서 머리 감기는 수월하겠다는 생각이 들기도 했다. 더불어 이번 생에는 생사문제 해결을 위해 용맹정진을 해봐야겠다고 다부지게 결심했다.

　혹독히 스스로를 담금질하는 만배 정진에 돌입했다. 촌음을 아껴가며 절에 몰두했다. 힘들수록 천 길 낭떠러지에 선 심정으로 스스로를 다잡았다. 자칫 깜빡 졸거나 조금이라도 게으름을 피우면 만배는 불가능했다. 식사는 들이키듯 몇 분 안에 해결하고, 물 먹는 시간도 아끼려고 어느 때는 혀를 말아 입천장에 붙이고 절을 해나갔다. 고통이 극에 달할 때면 뼈마디가 부서져 내리고 온몸이 아픔 때문에 열이 나는 듯했다. 9월 말쯤 되는데도 몸에서 땀띠가 돋았다. 그래도 멈출 수는 없었다. 그저 절 한 번에 최선을 다하려 했다. 하지만 그날의 절이 끝났다고, 고통이 모두 끝난 것은 아니었다. 조금이라도 눈을 붙여야 힘이 생겨 이튿날 절을 할 텐데, 밀려오는 육체의 고통에 도무지 잠에 들 수 없었다. 오로지 오체투지로 반복되는 하루였다.

　때로는 고도의 몰입과 미묘한 체험에 환희심이 솟기도 했지만, 결국은 이를 악물고 견뎌야 하는 인고의 시간들이었다. 그렇게 사투를 벌이듯 하루가 지나고 이틀이 지났으며, 다시 열흘이 지나고 스무날이 흘렀다. 몸 상태는 쇠약해졌지만 끝까지 하겠다는 마음은 더 간절해졌다.

그러나 23일째 되던 날, 만배 정진을 접을 수밖에 없었다. 이 일을 전해들은 가족들의 걱정과 만류로 인해 도저히 계속할 수 없는 상태에 이르렀다. 나의 불찰이었다. 무엇인가를 이루려면 인내하고, 기다리고 시절인연이 무르익어야 된다. 그런데 나이도 있고 하던 공부도 있다는 생각에 지나치게 서둘렀던 것이 탈이었다.

만배 100일 기도를 이루지 못한 일은 두고두고 아쉬웠다. 그렇더라도 23일간의 절은 내 삶을 바꿔놓았다. 어딘가에 안주하지 않고 끊임없이 나아가도록 탈바꿈시켰던 것이다. 매일 새벽 천배를 하고 미용실도 운영했다. 격주로 화요일에 만배도 하는 틈틈이 오랫동안 적을 두고 있던 방송통신대학을 졸업했다. 그리고 2004년 한성대학원에 입학해 2006년 석사학위를 받았다. 졸업 후에는 미용실을 운영하면서 틈틈이 만배 기도를 했다. 이 모든 것이 자유롭고 걸림 없이 살기 위한 간절함이었다.

새로운 길로 떠나라

2013년 또다시 큰 모험에 뛰어들었다. 동국대학교 응용선학과 대학원 박사과정에 입학한 것이다. 불교학을 공부해서 꼭 쓰고 싶은 논문이 있었다. 절이 선禪과 맞닿아 있음을 학문적으로 규명해보고 싶었다. 하지만 생소한 언어와 난해한 문헌들, 그것은 처음 만배와 마주했을 때의 두려움 그 자체였다.

그렇지만 절 한 번이 모여 천배와 만배에 이르 듯 하나의 개념과 문장을 익히다 보면, 그 막막함과 두려움 또한 넘어설 수 있으리라 믿었다. '공부도 수행이지, 하다보면 나아지겠지, 지금은 잘 모르고 허둥대지만' 하고 스스로에게 힘을 주고 격려를 하는 한편에서는 갈등 또한 많았다. 가위질과 절 수행만 하다 공부를 하려니, 공부가 수행일 수밖에….

나는 나의 업장 소멸과 모든 중생들이 행복하기를 발원하며 절을 한다. 그렇지만 절은 여전히 쉽지 않다. 때로는 절할 때 죽을 것 같이 힘들고, 하기 싫은 생각도 들고, 잡다한 생각도 많이 든다. 때로는 눈물과 콧물이 폭포수처럼 쏟아지기도 한다. 그럼에도 나는 새벽 발원을 하고 천 번의 절을 한다. 절을 다 마치면, 몸은 힘들지만 마음은 더 없이 평온해지고, 세상은 광명으로 빛난다. 그 감사의 마음을 안고 미용실에 출근한다.

그러던 즈음 이 좋은 절을 혼자만 할 수는 없어 어머니께 권유해 드렸다. 무늬만 권유지 지금 생각하니 반쯤 강요를 한 셈이다. 이후 어머니께서 절을 하시니 그 다음에는 오빠가 절하고, 언니도 하게 되었다. 가족이 다 같이 부처님 공부 길에 도반이 되었으니 얼마나 좋은 일인가.

어머니는 올해 87세이신데 새벽마다 예불하고 능엄주도 읽고 백팔

참회문까지 읽으면서 절하신 지가 오래되셨다. 어머니는 대단하시다. 지금도 자식들을 위해 일을 하고 계시니 말이다.

가끔 집에 가면 절 많이 하면 몸에 무리가 가니 조금만 하라 하시면서도 새벽이 되면 깨우신다. 그리고 하루 만배 절을 끝낼 때면 꼭 전화를 주신다. "나는 백팔배도 힘든데 어떻게 하냐" 그리고는 "만배 절 마무리 잘했나? 축하한다" 하시면서 격려 반 염려 반 하신다.

날마다
나아지려면

절을 하면 좋다는 것은 사람들이 이미 알고 있다. 절을 하면 좋다는 의학적 결과들도 많이 있다. 그런데 절을 하고 안 하고는 본인의 선택 문제이다. 주변에 권하면 다들 그런다. 쉽지 않은 문제라고. 그러면 나는 이야기 한다. 쉬운 문제가 아니라서, 그래서 한다고. 쉬운 일은 권하지 않아도 다들 알아서 잘하기 때문에 괜찮지만 어렵고 힘든 일은 권하기도 어렵고 권유받아도 매우 힘들다는 것을 알기 때문이다. 그러나 어렵고 힘들어도 지금보다 나은 쪽으로 삶을 바꾸고 싶다면, 시작이 반이라고 하지 않았던가? 일단 시작해보라고 말한다.

땀 흘려 절하다보면 인생이 달라진다. 참회하다보면 계는 저절로 지켜진다. 남을 공경하는 마음과 더불어 자신을 비우는 마음도 생기고, 자기 자신의 정화 능력이 뛰어나 몸과 정신건강도 좋아지고, 지혜도 생기고, 지구력도 생긴다.

만배를 할 수 있는 간절한 신심, 새벽에 일어나 날마다 절 할 수 있고, 건강한 몸과 시간, 공간이 있는 것이 부처님의 가피라 생각된다. 절이 끝나면 늘 "부처님 고맙습니다. 이렇게 절 할 수 있어서 행복합니다"라고 혼잣말을 한다. 깊은 산속 옹달샘의 맑은 물을 마시듯 시원하고 상쾌하게 하루를 시작할 수 있음에, 마음 깊은 곳에서 고맙고 감사함이 샘물 솟는 듯하다. 매일매일 하루 일과처럼, 배고프면 밥 먹듯이, 살아서 숨 쉬듯이 나를 지금보다 나은 쪽으로 바꾸어 가고 있을 뿐이다.

존경하는 분의 말씀처럼 "때로는 하기 싫어도 억지로 참고 하는 것이 기도이고 수행이며, 이렇게 세속에서 수행하는 것이 용광로에서 연꽃 피우는 도리"일 것이다. 언제부터인가 나는 내 주변 사람들에게 절과 불교에 대해 말하고, 수행을 시작한 분들이 쉼 없이 기도 정진하시기를 염원한다.

절을 지속적으로 해왔고 지금도 할 수 있는 이유는 그동안 많은 보살핌 속에 늘 힘을 주시고, 새로운 도전에 물심양면 지원과 조언을 아끼지 않은 분들과 우리 가족들 덕분이다. 모든 주변 도반들에게도 감사의 마음을 드린다.

포교원장상

방생
법회

대연심 김옥순

간절한
소망

설 지난 후 첫 번째 도래하는 말날이다. 장을 담그면 맛이 좋다는 길일이다. 새벽부터 부지런을 떨었다. 작년 시골 선영 아래 밭에서 농사 지은 콩으로 빚은 메주로 정성을 다해 담갔다. 그러고는 방생법회 참석을 위해 몸을 정갈하게 하려고 물을 대야에 받는데 남편이 잔소리를 해댄다.

"아직 새벽바람이 찬데! 부처님도 이해해줄 테니 그냥 가라고! 당신 시어머니 제수 음식 만들기 전 정갈하게 하신다고 찬물에 머리를 감다 자식들 임종도 지켜보지 못한 채 부처님 곁으로 가셨다고, 조심하라고!"

어느새 그런 나이가 되어 가는구나 싶어 시린 새벽에 씁쓸히 울다 웃다 했다. 가방을 챙기며 "여보, 영윤 할아버지, 시줏돈 좀 주세요"라고 남편에게 말했더니 "내가 돈이 어디 있어!" 불끈 하면서도 슬며시 봉투를 던져 놓고 출근을 한다. 버스에 자리를 잡고 가방 속 봉투를 뒤져보니 생각보다 많다. "영윤 할아버지 고맙습니다" 하고 남편에게 전화를 했다.

수십 년째 다니는 청주 용화사다. 도심 속이며 청주의 젖줄인 무심천을 앞에 두고 있는 오래된 고찰이다. 이 절에서 매월 정례적으로 실시하는 방생법회! 매회 빠지지 않고 참례를 한다. 올해는 처음 실시하는 방생법회다. 간절한 소망을 안고 다녀왔다.

  방생. 사람 목숨도 중요하듯 다른 생물들의 목숨도 마찬가지다. 목숨을 죽이지 않는 불살생계도 중요하지만 죽어가는 목숨을 살리려는 방생의 공덕 또한 무량한 것이라고 주지스님께서 말씀한다. 무병장수, 자손창성, 길한 기운이 많이 올라와 보이지 않는 세계의 도움으로 공덕을 쌓을 수 있다고 했다. 의식에서 끝나는 것이 아니라 마음을 깨끗이 비우고 다스린 후 진정한 방생의 의미를 기원한다면 더할 나위 없겠다. 늦은 저녁 집에 돌아와 영윤 할아버지에게 방생담을 늘어놓았다.

행복한 투정

대구 송림사에서는 신라 때 축조된 국보 189호 석탑에서 탑돌이를 하며 가정의 평안을 간절히 기원드렸다. 몇 바퀴를 돌았는지 잊어버렸다. 팔공산 부인사에서 백팔배를 올리고 은혜사로 오르는 길 옆 저수지에 준비해간 물고기를 풀어놓으며 마음의 평안과 가족의 행복을 위해 진정한 방생의 예를 갖추고 '명이 다할 때까지 잘 살아라' 기원하며 마음까지 물 속 깊이 담가 놓았다. 풀어놓은 물고기 한 마리가 되돌아와 멈칫멈칫 하다 내 발끝을 툭툭 치고 돌아서는 그 눈과 마주친 순간, 온몸이 상기되며 가슴 떨리는 희열이 요동쳐 멍하니 서 있었다. 옆에서 지켜보던 주지스님이 "대연심 보살님, 금년에는 좋은 일만 가득하려나봐요. 저 놈이 고맙다고 인사하고 가네요"라고 덕담을 건넨다. 방생법회 도량과 공덕으로 큰사위 승진하여 남미지사장으로 발령 났다는 소식을 들었다. 막내딸은 둘째 아들 낳았다는 기쁜 소식을 전해왔다.

끊이지 않는 내 이야기에 영윤 할아버지가 마주 보며 웃는다. 눈에 보이는 형식적인 방생이 아닌 마음에서 우러나오는 방생의 참뜻을 통해 나 자신부터 진정한 자비행을 실천하겠다 다짐했다. 생물의 방생에서 더 나아가 일체중생을 돕는 行으로 이어지도록 부단히 기도를 드리려 한다.

마음속으로 기다려왔던 소망이었다. 아들네가 가족을 데리고 외국으로 연구차 출국한다는데 준비는 다 됐는지, 살 집은 마련이 되었는지, 아이들 학교는 알아봤는지…. 잔소리를 했더니 답이 왔다. "걱정마세요, 어머니. 저도 오십이 낼 모레인데 알아서 할게요." 되받는 자식의 말에 섭섭하기도 하고 부모님 살아있을 때 내 자신이 했던 대로 되받는구나 싶다. 이제 나이를 먹은 것이고 그것이 삶이고 윤회이던가….

부처님께서 삶이 행복하다는 투정이구나 야단치신다. 그리고 자찬이로구나 하신다. 마음을 들켰나 보다. 우리 내외가 밤늦도록 두런거리는 소리에 부처님께서 눈을 흘기신다. 나이 먹더니 말이 많아지는구나. 나무관세음보살.

새롭게
정진이다

중요한 수술 결과를 기다린다. 앞집에서 물고기 잡아왔다고 가져다 주길래 받아 놓았는데, 살아서 펄쩍펄쩍 뛴다. "그 물고기 어찌 하려 하오." 영윤 할아버지가 이마를 잔뜩 찡그리고 질책한다. "얼마 전 방생 다녀온 보살님!"

머뭇거렸더니 다시 한 번 아프게 소리한다. "무심천에 풀어주시오." 많이 부끄럽고 미안했다. 순간의 생각이 어지러워 고개를 떨궜다. '고맙습니다. 내가 가는, 가야할 길을 가르쳐 줘서.'

한걸음에 무심천으로 달려가 잠깐의 잘못한 생각을 용서 해달라는 기도를 올리며 부끄러운 마음을 잠시 다스렸다. 몰려있는 오리 떼들을 멀리 보내고 물고기 하나하나 정성을 다해 물속으로 넣어 줬다. 그중 제일 어려 보이는 한 마리 머뭇머뭇 물가에 와 내 주변을 돌다 사라진다. 그 어린 물고기와 눈이 마주칠 때 살아오며 잘못한 모든 일들에 대한 후회와 반성이 함께 몰려온다. 나무관세음보살. 잠시 품었던 마음속 죄책감, 조금이나마 가시는 듯하다. 바람결에 꽃향이 실려 온다. 무심천 가로수길 벚꽃 향기.

물고기가 사라진 물가에 앉아 다시 한 번 이별을 고하고 오는데, 전화벨이 울린다. "옥순 어머님, 여기 병원인데요. 수술 결과 아무 이상 없습니다. 축하드려요."

영윤 할아버지에게 전화했다. "법력은 있다고 당신이 놓아 주라고 한 물고기 보은인가 봐." 수선 떨었더니 남편이 웃는다. "마음입니다. 마음이에요. 허허허."

깨달음 얻었더라도 자만하지 말고, 더 정진하여 더욱더 큰 깨우침을 얻거라. 그것이 진정한 구도의 길일 것이다.

돌아오다 용화사에 들렸다. 백팔배를 올렸다. 다리도 무릎도 가볍다. 염불하시던 노스님, "대연심 보살님! 왜 그렇게 예불을 쉬지도 않고 하세요? 좋은 일이라도 있으신가 봐요" 하신다. "예, 스님." 살짝 웃으며 법당을 나섰다. 범종루 누각으로 올라가 사물을 찬찬히 살펴봤다. 범종, 법고, 운판, 목어. 오늘 특히 목어가 눈에 들어온다. 잠 잘 때도 눈을 감지 않는 목어, 목탁. 밤낮없이 불심에 정진하라는 뜻이다. 다시 다짐한다. 새로운 각오 새로운 마음으로 정진하겠노라고.

늦은 밤, 뒤척이다 잠이 들었는데 용화사 범종루에서 울리는 대종 소리에 새벽을 맞이했다. 덩, 덩, 덩…. 종소리를 타고 부처님의 자비로운 음성이 귓속을 타고 든다. '대연심 보살, 수고 많이 하셨오.'

오늘 하루도 참된 하루가 될 것이다. 나무관세음보살.

바라밀상

부처님
품 안에서
평화를 얻다

반야행 송병화

완벽한 주부

'거룩한 부처님께 귀의합니다. 거룩한 가르침에 귀의합니다. 거룩한 스님들께 귀의합니다.' 삼귀의를 하면서 22기 포교사 1차 합격자 연수를 위한 입재식이 시작되었다. 뜨거운 액체가 눈가에 흘렀다. 환희심과 함께 지난 세월이 파노라마처럼 뇌리에 스쳤다. 지금 여기 이 자리에 예비포교사라는 낯선 이름으로 서있다는 것이 믿기지 않았다. 백옥처럼 하얀 티셔츠를 갖춰 입은 인천 경기지역단의 일원으로 많은 도반들과 함께 1박 2일을 함께 할 수 있다는 것만으로도 벅찬 감동과 함께 마음이 설레였다. "부처님의 가르침을 전하는 자임을 잊지 말며 신심, 공심, 항심, 하심을 명심하라"는 포교부장 가섭 스님의 말씀을 가슴에 새겼다.

불교대학을 졸업하고 부처님의 발자국을 따라가고자 하는 서원이 이루어지는 관문 앞에서 주체 못할 감회의 눈물이 가슴을 적셨다. 지난 10년을 돌이켜보면 까마득한 일이다. 지금 여기에 내가 건강하게 존재하는 것만으로도 부처님의 가피가 아니었다면 불가능했을 일이다.

10년 전, 나는 평범하게 딸, 아들 키우며 대기업에 다니는 남편과 함께 가정을 꾸리고 내 일을 열심히 하는 완벽한 주부였다. 보통 사람들처럼 가진 것 많지 않아도 알뜰하게 저축하고 미래를 꿈꾸며 살아가던 어느 날, 남편의 느닷없는 퇴직은 하늘이 내려앉는 충격이었다. 회사를 위한 일을 하다 저지른 일이라고 하기에는 너무 많은 빚을 떠안고 퇴직한 것이다.

남편의 말이라면 어떤 의심도 하지 않고 투자금을 빌려준 회사 직원들과 지인들이 너무 야속했다. 원금과 이자 압박에 시달리던 남편은 퇴직금으로 조금이나마 만회하겠다는 짧은 생각으로 사표를 던졌다. 나는 그 사실도 나중에야 알았다. 남편이 미안한 마음에 나에게 퇴직 사실을 말도 못하고 한 달 동안이나 출근한다며 새벽에 집을 나가서 배회하다 들어왔던 것이다.

남편을 찾는 회사 직원 전화를 통해 나는 뒤늦게 퇴직 사실을 알게 되었다. 믿고 싶지 않은 현실 앞에서 넋을 잃었다. 나에게 의논 한마디 없이 저지른 일이었기에 남편에 대한 배신감은 더욱 컸고 너무 괴로웠다.

사람으로
살려면

퇴직금과 예금, 집을 팔아도 감당되지 않는 빚더미 속에서 남편은 결국 미안하다는 메일 하나 달랑 써놓고 사라졌다. 7월의 뜨거운 햇살 아래 다른 사람들은 여름휴가로 행복한 나날을 보내고 있을 때였다.

메일의 내용으로 보아 남편이 자살할 것 같은 예감에 미친 듯이 경찰서로 뛰어다니며 행방을 수소문한 끝에 회사 직원들과의 협조로 남편을 찾았다. 몇 끼를 굶었는지 초췌한 얼굴에 깊이 패인 눈가에는 절망의 그늘이 드리워져 있었다. 번듯하게 잘 나가던, 자신감 넘치던 대기업 부장의 모습은 찾아볼 수가 없었다.

상상도 해본 적 없는 현실 앞에서 망연자실하는 내게 주변에서는 집이라도 남겨야 아이들을 키울 수 있지 않겠느냐며 남편과 이혼하라는 권유도 있었다. 솔직히 그럴까도 생각했다. 하지만 돌아가신 친정 아버지가 눈앞에 아른거렸다.

"자네, 사람 인人이 왜 그렇게 쓰는지 아나?" 아버지는 방바닥에 검지손가락으로 글자를 써보이셨다. "서로 기대어 살라는 뜻이지. 한쪽이 무너지면 人자가 안 되듯이 어떤 어려움이 있어도 힘을 합쳐 기대어 잘 살게." 결혼 승낙 받으러 온 남편에게 아버지가 해준 말씀이었다. '남편을 버리면 나도 이미 사람이 아닌데 살아서 뭐 하나.' 이럴 수도 저럴 수도 없는 수많은 마음의 갈등으로 세월을 보냈다.

남편도 지인의 투자 유혹을 뿌리치지 못한 피해자이고, 고의로 저지른 일이 아니었음을 알고 있었기에 용서하겠노라 나는 수없이 자위했다. 하지만 입으로는 용서한다 해놓고 마음에서는 점점 더 깊은 원망과 미움의 싹이 트고 있었다. 차라리 내가 그냥 세상을 버리는 일만이 유일한 대안 같았다. 헤일 수 없는 많은 밤을 뜬눈으로 새웠다.

무너지는 자존심

쇼그렌증후군이라는 희귀병을 앓고 있던 나는 몸이 나날이 망가져 갔다. 아침에 눈을 뜨면 굳어진 손 관절과 뻣뻣한 온몸이 정신을 짓눌렀다. 또 하루를 살아내야 한다는 공포감이 밀려와 심장이 방망이질 쳤다. 당장의 고통에서 벗어나고픈 생각에 하루에도 수십 번씩 세상을 등지고 싶은 마음이 일어났다. 미운 남편도 버리고 싶었다. 그러나 아이들이 그 모든 생각들을 실행하지 못하게 만들었다.

  아이들 생각해서 나쁜 마음먹지 말고 살아야 한다며 수시로 전화하는 친정어머니도 내 머릿속을 어지럽게 만들었다. 항상 모범생으로서 책임감이 강하고 타인을 배려하며 자신을 철두철미하게 관리하면서 살아왔던 내가 싫어졌다. 나는 너무 힘든데 주변에서는 정신적으로 물질적으로 어떤 도움도 주지 않으면서 "너라면 잘 견뎌낼 수 있을 거야"라는 위로 아닌 위로를 보냈다. 지금까지 살아온 모범적인 내 삶은 어떤 반칙도 용납하지 못하게 나를 얽어매고 있었다.

  차를 운전하고 바닷가로 돌진하는 꿈, 해안가 절벽에서 떨어지는 꿈, 달려오는 기차로 뛰어드는 꿈 등이 현실이 되었으면 좋겠다는 생각이 머리에서 떠나지 않았다. 불면의 밤이 오면 아침에 눈뜨지 않게 해달라고 기도한 적도 많았다. 아침 햇살에 눈이 떠지는 일만큼 괴로운 일이 없었다. 나만 괴롭고 생활에 마비가 왔을 뿐 태양은 어김없이 뜨고 다시 지고를 반복했으며 사람들은 아무 일 없다는 듯 평온하게 일상생활을 살아가고 있었다.

  가슴에서 치밀어 오르는 분노를 이기지 못해 답답할 때는 슬리퍼 끌고 나와 무작정 다니던 사찰의 스님을 만나곤 했다. 남편의 심성과 행실을 잘 아는 스님은 억울해도 벌어진 일이니 어쩔 수 없지 않느냐면서 가장 중요한 몸이나 잘 챙기라 이르셨다. 법당에 올라가 절을 하며 한없이 눈물을 쏟았다. "부처님, 내가 무슨 잘못을 했나요? 아이들 낳아 산후조리 할 때를 제외하고는 쉬어본 적 없이 20년간 일한 대가가 이런 건가요? 이것도 내 과거의 업 때문일까요? 그렇다면 그 업은 언제까지 어떻게 해야 소멸할까요?" 끄억끄억 눈물을 삼키며 하소연 해봤지만 남편을 원망하는 마음은 더욱 커져갔고 나의 육신은 점점 쇠퇴해졌다. 그렇게 부처님 앞에서 눈물을 흘리던 어느 날, 삼배를 하던 도중 이상한 경험을 했다. 머리끝에서 발끝까지 전기에 감전된 듯 전율이 느껴지며 가슴속에서 뜨거운 눈물이 토해져 나왔다. 스님은 부처님 가피라고 말씀해주셨다.

  남편의 퇴직금과 함께 매월 월급을 꼬박 모아 여기저기 저축했던 통장들도 모두 빚더미로 들어갔지만 역부족이었다. 이자 감당도 안 되는 상황에서 남편의 실직으로 생활까지 곤란해졌다. 내 수입으로는 당시 고1인 딸과 6학년이던 아들의 뒷바라지조차 할 수 없었다. 책상에 앉아 펜대만 굴리던 남편이 할 수 있는 일이란 별로 없어 선배 사무실에 나가 시간만 보내고 있었다. 대학 입시를 앞둔 딸은 학원은 꿈도 못 꾸고 학교만 오갔다. 작은 아이가 중학교에 입학했을 때도 동생의 도움으로 겨우 교복을 맞출 수 있었다. 남한테 지는 것 싫어하고 신세지는 것 못 견뎌하며 자존심이 나를 지켜주는 유일한 것이라 믿고 살았던 내게 그런 생활은 너무도 치욕적이었다. 그런 가운데서도 학원 한 군데 보내주지 못했는데 장학금 받으며 공부 잘해주는 아이들 덕분에 숨을 쉴 수 있었다.

시간이 지나면 나아지겠지 하며 실오라기 같은 희망을 가지며 견뎌봤지만 사업에 경험이 없던 남편은 실패만을 거듭할 뿐이었다. 자본이 없으니 엮이는 일도 많았고 이런저런 상황이 발생하여 사업은 실패로 돌아갔고 빚은 늘어만 갔다. 남편의 형들은 동생이 파산 지경에 이르자 도움은커녕 모른 척했다. 자주 전화하던 형수도 자기들에게 불똥이 튈까 봐 연락조차 끊어버렸다.

나는 그렇게 살지 않았는데, 할 수 있는 한 베풀며 살았고 힘겨운 사람들의 손을 잡아주며 살았다고 생각했는데 막상 내가 힘들 때 나의 손을 잡아주는 이는 아무도 없었다. 형제도, 가족도 모두 돈 앞에서 소용없구나 싶어 세상에 대한 회의감마저 들었다. 고통 속에서도 지구는 돌았고 시간은 흘렀다.

아이들 때문에 어쩔 수 없이 하루하루를 버텨냈다. 다행히 큰 딸이 대학에 합격하였고 아들은 장학금으로 학교를 다니며 순간순간 내게 달콤한 짧은 행복의 맛을 보여주었다. '어떻게든 딸이 졸업할 때까지만 버티면 생활은 되겠지' 그런 믿음을 가지고 매 순간을 버텼다.

나를 살린 만남

 후배가 답답한 내 마음을 읽었는지 어느 날 나들이를 가자고 청했다. 무작정 전철을 타고 간 곳이 알지도 못하는 도선사였다. 우연히 거기서 108산사순례기도회를 만났다. 불교TV에서 본 적이 있어 언젠가 꼭 동참하고 싶다는 생각을 갖고 있었는데 이렇게 인연이 된 것이다. 가입비 낼 돈이 없다는 내게 사무 보던 보살은 책과 가방을 내어주며 집에 가서 입금해달라고 했다. 얼마나 고마운 인연이었는지 모른다. 즉시 회원 가입을 하고 한 달에 한 번씩 순례를 떠나기로 했다. 하루하루, 아니 순간순간 괴로움의 삶을 이어가던 나는 매달 순례를 손꼽아 기다리는 한 달 주기로 생활 패턴이 바뀌었다.
 새벽 5시에 일어나 배낭 속에 공양물과 기도집 도시락을 챙겨 일일출가를 했다. 장시간 버스를 탔는데도 피곤한 줄 몰랐다. 절 마당에서 백팔배를 올리면서 오직 참회했다. 집 떠나올 때 배낭 속에 가져온 모든 걱정과 근심을 산사에 날려버리고 가벼운 마음으로 돌아가라는 스님 말씀이 큰 위로가 되었다.
 처음 갔던 순례지는 불국사였다. 처음이라 수천 명의 사람들이 운집하기에 절 마당에 기도할 자리를 잡는 일조차 쉽지 않았다. 서로 평탄하고 좋은 자리 잡으려고 애쓰지만 결국 그 자리도 기도 후에는 내어주고 돌아가야 하는 것이었다. 우리가 세상을 사는 이치도 그와 같다는 생각이 들었다. 권력도 부귀영화도 고통도 모두 거두어갈 때가 되면 그만인 것을 왜 허덕이면서 고통스럽게 살아가는지에 대한 의문이 일었다.

불편한 자리에서도 기도하는 마음은 너무 행복했다. 내가 사는 세상의 고통 속에서도 그와 같은 행복을 느낄 방법이 바로 이 순례와 부처님 법이라는 생각이 들었다. 지금의 고통이 영원하지 않을 것이고 내 삶도 그럴 것인데 찰나찰나 변하는 것임을 모르고 살아온 내 자신이 부끄러웠다.

순례 횟수가 늘어갈수록 신심도 생기고 마음도 가벼워졌다. 오랜 시간 버스를 타고 가면서 옆에 앉은 도반들과 나누는 이야기도 위로가 되었다. '나만 힘겹게 살아가는 것이 아니었구나, 이런 것이 사바세계의 삶이구나, 고통의 종류가 다를 뿐 누구나 겪는 것이구나, 생겨난 원인보다 생긴 결과를 어떻게 수습해야 하는가가 더 중요하구나.' 그런 생각을 하게 되었다. 108산사순례기도회 회주이신 선묵 혜자 스님을 만난 것은 내게 큰 행운이었다. 스님의 말씀에 귀 기울이며 눈을 감고 스님의 안심법문을 들을 때면 마음이 편안해짐은 물론 남편에 대한 미움과 배반감, 그리고 나의 괴로움마저 옅어져갔다. 참회의 눈물과 환희의 눈물이 동시에 쏟아졌다. 미움은 미움으로 사라지지 않고 오직 용서와 참회로 극복된다는 말씀에 나는 '나'라는 모든 것을 내려놓으려고 무진장 애를 썼다.

평화의
불씨

눈이 오는 날은 얼어붙은 땅위에서 1인용 작은 돗자리에 의지하여 미끄덩대며 백팔배를 올렸다. 비 오는 날은 전각 처마 밑에 몸을 의지해 기도를 올렸다. 꽃피는 날에는 꽃 내음에 취해 괴로움을 잊고 단풍 드는 날에는 오색 빛 자연의 아름다움에 홀려 소박한 행복을 느꼈다. 한여름 뙤약볕 아래에서 백팔배를 하고 난 후 땀으로 범벅된 온몸을 한 줄기 바람이 어루만져줄 때 한없는 감사함을 느꼈다.

회주스님의 원력과 회원들의 신심을 읽은 부처님의 가피가 하늘에 일심광명 무지개로 나타날 때면 환희심이 느껴졌다. 그것이 행복이었다. 행복이 바로 내 안에 있음을 순례를 통해 깨달았다. 혜자 스님 말씀처럼 어느 남편이 사시사철 이토록 아름다운 산사를 데리고 다니겠는가. 108산사순례기도회가 아니었으면, 회주스님 아니었으면 고통이라는 감옥에 묶여 세상 구경 못하고 내 몸과 정신을 학대하며 세월을 보냈을 것이다.

처음 순례기도를 다닐 때는 억울하기도 했다. 아무리 나의 업이 두텁다 해도 깜깜하고 빛 한 줄기 들어오지 않는 시련의 터널 속에 나를 가두어둔 시간이 너무 오래 지속되는 것 같아 화가 나기도 했다. 하지만 이제 순례길 동참도 6년이 넘고 불교대학에서 교리 공부도 하면서 알게 되었다. '그동안 내 마음을 밖으로만 뻗치고 있었구나, 모든 원인이 남편에게만 있다고 원망하면서 내 마음을 제대로 관찰하지 못하고 있었구나' 하고 말이다. 스님께 무한한 감사를 드린다.

이제는 회주스님이 전국 사찰 순례 때마다 채화하시는 평화의 불이 내 마음속에도 켜졌다. 내가 나의 주인임을 알고 평화의 불씨를 불사르며 나의 불성을 찾아 부처님처럼 살아가고자 노력하고 있다.

틈나는 대로 불교TV를 통해 많은 스님들의 훌륭하신 부처님 말씀을 전해 듣고 불교대학 졸업 후 포교사까지 도전하면서 경전반에서 주경야독을 하고 있다. 이제 조금씩 희망이라는 싹이 보이는데 나이 들어가는 나는 앞으로 무엇을 할 것인가 고민을 했었다. 그러다 결국 내게 살아갈 이유를 주신 부처님 법을 따라 살며 그 법을 전하는 일을 해보고자 결심했다. 그래서 포교사고시에 응시했고 당당히 합격했다. 연수를 받고 지금은 예비포교사로서 최종 합격을 위해 수행정진 중이다.

혹독한 겨울 추위를 이겨낸 봄 냉이가 향기롭다. 좋은 향기를 품은 곳에는 사람들이 모인다. 부처님 법에 의지해 나와 이웃을 위해 좋은 향이 나는 사람으로 거듭나기 위해 오늘도 마음을 가다듬어본다.

말을 많이 할 필요가 있겠는가
어리석은 자는 자신을 위해 일하고
부처님은 항상 남을 위해 일하느니
이 둘의 차이를 여실히 보면 된다

중앙신도회장상

나의 전부가 된
부처님 가르침

정문 강아람

부처님으로부터의 초대

그날 밤은 서른여섯, 내 생을 통틀어 가장 어둡고 깊고 기나긴 밤이었다. 두려움이라는 단어는 그 무게가 너무 가벼웠다. 슬픔이라는 말은 사치스러웠고 오히려 공포라는 말이 그나마 제일 어울리는 밤이었다. 그날은 한 달 전부터 가슴에 잡히던 혹을 떼 내어 조직검사를 한 날인데 악성으로 판명되었다. 내가 암환자가 된 첫날이다. 다음 날은 암세포 주위로 더 넓게 절제수술을 진행할 예정이었는데 다른 쪽 가슴과 림프절에도 의심스러운 소견이 보인다고 하여 함께 검사를 진행하기로 한 상태였다.

대학 입학과 취업 그리고 결혼에 이르기까지 한 번의 시련도 없이 곱게 포장된 고속도로를 달리듯 무난하게 살아왔다. 이런 나의 서른여섯 삶에 불현듯 죽음이 찾아와서는 아홉 살 딸아이를 두고 떠나야 한다며 길고도 어두운 밤을 잔인하게 뒤흔들고 있었다.

'땅' 소리만 나면 100미터 달리기라도 할 듯한 기세로 온몸의 근육이란 근육들이 수축되어 있었으니 아무리 잠을 청해 보려 해도 15분마다 한 번씩 잠에서 깼다. 꿈을 꾸지는 않았지만 마치 악몽에서 도망쳐 나오듯 요동치는 심장소리와 함께 깨어나기를 몇 번이나 반복했을까. 희망을 부여잡으며 잠 속으로 도망가기를 포기하고 침대에서 나왔다. 기나긴 하루를 보내고 새우잠을 곤히 자고 있는 남편 곁을 조심스레 나와 힘겹게 발걸음을 옮겨 병원 복도 끝에 놓인 의자에 앉았다.

정신을 차려야했다. 도망갈 곳이 있다면 지구 끝이라도 도망가고 싶었지만 도망치면 칠수록 두려움이 커질 거라는 것을 직감으로 알 수 있었다. 도망가기를 포기하고 있는 힘껏 도망쳐오던 곳을 향해 뒤돌아 나를 몰아붙이는 그것을 정면으로 마주했다. 심호흡을 크게 하고는 생각했다.

'상황을 냉정하게 바라보자. 두려워 피하지 말고 정면으로 바라보자…. 암이란다. 내일 수술을 할 것이고 림프절로 전이가 됐을지도 모른다. 그래, 몇 년 전부터 고질병으로 앓아왔던 왼쪽 날개뼈 통증이 그냥 통증이 아니라 암 전이로 인한 것일 수도 있다는 게 가장 두려운 거야. 무엇이 두려운 거야? 딸아이? 죽음?'

가슴 먹먹한 아픔이 느껴졌다. 엄마 머리카락을 만져야지만 잠이 드는 아홉 살 딸아이를 비롯하여 부모님, 남편, 동생, 시댁 식구들 그리고 친구들 얼굴이 하나둘 스쳐지나갔다. 이 모든 이가 나를 그토록 사랑해주는 사람들이건만 나를 죽음으로부터 건져 올려줄 이가 하나도 없단 말인가.

'죽음이란 이런 것이구나… 제 아무리 사랑하는 이가 많다 해도 오롯이 혼자 가야 하는 것. 가본 사람만 있지 되돌아 온 이가 하나도 없어 어디로 가는지 어떻게 가야 하는지 아무도 모르는 그 곳을 오롯이 혼자 가는 것이 죽음이구나.'

지독한 외로움이 느껴졌다. 그 외로움은 이내 곧 두려움으로, 그 두려움은 다시 공포로 바뀌며 점점 나를 옭아매었다. 마치 두려움에 떨며 점점 작아지는 나를 죽음의 그림자가 서서히 삼키고 있는 듯했다. 온몸이 부들부들 떨려왔다. 얼마나 시간이 지났을까. 죽음의 그림자가 나를 거의 삼켜버렸을 즈음, 마음 깊은 곳에서 오기가 일어나며 당찬 목소리가 울려 퍼졌다.

'그래. 내일 죽는다고 치자. 그래서 뭐? 뭐가 어떤데?'

그 순간 기이한 일이 벌어졌다. 그토록 외롭고 두렵던 마음이 어느새 고요해지면서 이상하게도 평온해졌다. 몸의 경련도 멈추었다. 얼굴을 떠올릴 때마다 가슴을 후벼 파던 가족들의 얼굴이 더 이상 아픔으로 다가오지 않았다. 그들의 얼굴을 모두 떠올리고 난 후 마지막 내 가슴에 남은 느낌은 오로지 이것뿐이었다. '홀가분.'

그래도 솔직히 말해 두 가지는 아쉬웠다. 엄마 없이 자랄 아홉 살짜리 딸아이, 그리고 내가 좀 더 나은 사람이 될 수 있을 것 같은데 차마 그 기회를 만나보지 못하고 떠난다는 점. 하지만 이내 곧 '전자는 딸아이가 감내해야할 몫이니 미안하지만 내가 어찌할 수 없는 일이고, 후자는 내 명이 그렇게 정해져 있으니 이제와 원망하고 아쉬워한들 도리가 없는 일이다'라고 한 생각을 돌리고 나니 기적처럼 홀가분해졌다. 120세 시대가 온다는 요즈음 누가 봐도 짧은 서른여섯 생을 마감해야 한다고 하니 감당 못할 정도의 한스러움에 한바탕 평평 울어버려야겠다고 마음의 준비를 단단히 하고 시작했는데 홀가분하게 끝나다니…. 당시에는 그 감정이 무엇인지, 왜 그랬는지 알 수 없었지만 어쨌든 편안한 마음이 되어 잠들 수 있었다.

두 번째
화살

다행히 두 번째 수술에서는 다른 곳으로 전이가 안 되었다는 결과를 받았다. 수술도 무사히 끝내고 항암치료를 시작했다. 초기에 발견되어서 그나마 불행 중 다행이었지만 어찌된 일인지 나는 두 번째 화살을 고스란히 맞으며 첫 번째보다 훨씬 힘든 시간을 보내고 있었다. 항암치료 중에 병원에서 본 재발환우들의 모습을 자꾸 떠올리며 두려움에 떨고 있었던 것이다. 두통이라도 있을 때면 뇌암인가 싶고, 어깨라도 결리면 뼈암인가 싶었다. 마음이 서서히 병들어 가고 있었던 것이다.

　1차 항암치료가 끝나고 15일이 지나자 머리가 빠지기 시작했다. 머리를 삭발하고 두건을 쓰면서 전형적인 암환자의 모습이 완성되었다. 거울을 볼 용기가 나지 않았다. 항암치료로 인해 체력이 소진되어 하루 종일 잠만 잤다. 아이가 학교에서 돌아와도 간식 하나 챙겨주지 못했다. 남편은 퇴근해서 쉬고 싶기도 하련만 저녁 준비를 하고 설거지, 청소, 빨래를 도맡아 하느라 여념이 없었다. 시간이 지날수록 가족들에게 짐만 되는 것 같아서 우울해졌다. 면역력이 거의 바닥인 상태라 외출도 불가했다. 하루 종일 집에서 하는 일이란 끼니 챙겨 먹고 창가에 앉아 길에 걸어 다니는 사람들을 구경하는 것뿐이었다. 따사롭고 눈부신 5월 햇살이 나만 빼놓고 온 세상을 비춰주는 듯 야속하기만 했다. 그렇게 며칠을 보냈을까. 그날도 여느 때와 같이 우울한 마음으로 눈물 흘리며 창밖을 내다보고 있는데 마음 깊은 곳에서 내게 말을 건네 왔다.

'강아람! 잘 살고 있는 거야? 힘들게 선물 받은 시간인데 잘 살고 있는 거냐구?'

하지만 차마 잘 살고 있다고 대답할 수 없었다. 그렇지. 재발한다 해도 내가 뭘 어쩌겠는가? 그렇다손 치더라도 어쨌든 지금은 이렇게 살아있는데 뭘 두려워하는가? 얼마나 힘든 시간을 보내며 선물 받은 시간인데 내가 이렇게 쉽게 무너지면 안 되지 싶었다. 서둘러 세수를 하고 가발을 눌러쓰고 딸아이 학교로 향했다. 수술 전에는 매일 하교시간에 맞춰 아이 학교 도서실에 가서 딸아이와 함께 책을 빌려오고는 했다. 딸아이에게 예전의 일상을 선물하고 싶었다. 가발을 눌러쓴 엄마의 모습에 딸아이는 조금 당황한 기색이었지만 집에서 축 쳐져 잠만 자던 엄마를 따스한 햇살과 함께 학교에서 만나니 싫지만은 않아보였다. 딸아이와 함께 도서실로 향해 책을 둘러보는데 내 눈과 마음과 걸음을 멈추게 하는 책이 거기에 있었다. 이제 생각해보면 그 날 그 책이 나를 흔들어 깨운 것이 아닌가 싶다. 바로 월호 스님의 《언젠가 이 세상에 없을 당신을 사랑합니다》였다.

언젠가 이 세상에서 없어질까 봐 내내 두려움에 떨며 울고불고 우울해하다가 겨우 한 걸음 나왔는데 '언젠가 이 세상에 없을 당신을 사랑합니다'라니. 그 책은 나에게 '언젠가 이 세상에 없을 강아람, 당신을 사랑합니다'라고 계속 속삭이고 있었다. 서러움, 외로움, 두려움이 한꺼번에 쏟아지며 눈물이 맺혔다. 언젠가 이 세상에 없을 나를 사랑한다는 이 스님은 무슨 말씀을 하실까 궁금했다. 망설임 없이 그 책을 빌려서 집에 돌아왔다. 그렇게 부처님 가르침이 우리 집에 와주셨다. 길고 어둡던 무명에서 벗어나게 해줄 한 줄기 따사로운 햇살과 같은 불법과의 인연이 시작되었다.

불법으로의 이정표

불법이 궁금해지기까지는 그렇게 오래 걸리지 않았다. 머리말을 몇 줄 읽어나갔을 때 '죽음이란 그저 옷을 바꿔 입는 것일 뿐'이라는 구절에서 눈길이 멈추어 더 이상 읽어 나갈 수가 없었다. 지난 몇 달간 죽음이 그렇게도 두려워 몸부림을 치며 괴로워했는데 죽음이 그저 옷을 바꿔 입는 것일 뿐이라고? 불교에서는 죽음을 이렇게 본단 말인가. 어쩌면 불교에서 길을 찾을 수 있을지도 모른다는 희망과 기대가 생겼다.

　내가 아프다는 소식을 듣고 여러 지인들이 종교를 가지면 좋다며 종교를 권해주었을 때에도 미동 않던 나였다. 두 번째 수술 전 날 죽음을 정면으로 마주했던 그 순간에도 이상하게 딸아이와 내가 만나지 못한 미래의 시간이 아쉬울 뿐, 죽어서 좋은 곳에 가고 싶다는 생각은 조금도 들지 않았다. 만약 그랬다면 믿기만 하면 천국에 갈 수 있다는 타 종교로 달려갔겠지만 죽음이 그토록 두렵고 공포스러웠던 그 순간에도 이상하게 그런 생각은 조금도 들지 않았다. 아마도 부처님으로부터의 초대장을 받았음이리라.

　이후에 월호 스님의 책을 모두 구입해서 읽어나갔다. 그러다가 불교에서의 궁극적 목표는 극락에 가는 것이 아니라 다시 태어나지 않는 것이라는 부분을 읽게 되었다. 거기서 나는 또 한 번 머리가 어지러웠다. 종교인들이 말하는 궁극의 목적이 기독교는 천국 가는 것이고 불교는 극락 가는 것이 아니었던가? 초등학교 때부터 엄마를 따라서 종종 절에 다녀서 불교를 제법 알고 있다고 생각하고 있던 나로서는 너무나 큰 충격이었다. 낯익었던 불교가 낯설음으로 다가오니 그런 불교가 너무나 궁금했다. 그리고 그 어둡고 길기만 했던 그날 밤, 딸아이와 함께 내 마음속에 마지막까지 아쉬움으로 남았던 그것, '더 나은 사람이 되지 못한 아쉬움'이 떠올랐다. 내가 시간을 선물 받은 이유, 더 나은 사람이 될 수 있는 길이 불교에 있을 거라는 확신이 점점 서기 시작했다.

항암치료를 받던 중이라 밤에 잠을 못 이루는 날이 많았다. 아프기 전에는 아이와 남편이 모두 잠든 조용한 밤 시간을 그토록 사랑하던 나였지만 몸과 함께 마음도 나약해졌는지 홀로 깨어있을 때 어김없이 찾아오는 죽음의 그림자 때문에 나에게 밤은 너무나도 아득하고 두려운 시간이었다. 그렇게 외로움, 두려움과 홀로 마주하고 있을 때 또다시 부처님께서 당신의 소중한 제자 한 분을 보내주셨다. 바로 법륜 스님의 팟캐스트를 듣게 된 것이다.

전부터 팟캐스트를 즐겨 들었는데 〈법륜 스님의 즉문즉설〉은 인기 순위 3위권 안에 꼬박꼬박 올라 있었다. 그래도 어쩐지 스님이 하시는 말씀이란 게 다 지루하고 똑같을 것 같다는 고정관념 때문에 인연이 닿지 못했었다. 그런데 그날은 어쩐지 마음이 동하여 들어보게 된 것이다. 그렇게 법륜 스님과 인연이 되어 400여 회에 달하는 즉문즉설을 모두 듣기까지도 오래 걸리지 않았다.

법륜 스님의 팟캐스트를 들은 이후로는 암의 재발이나 죽음에 대한 두려움이 일어날 때마다 더 이상 울지 않았다. 분연히 자리를 떨치고 일어나 간절한 마음으로 백팔배를 했다.

'부처님, 저는 이번 일을 계기로 부처님 가르침을 만났습니다. 감사합니다. 부지런히 정진하여 몸도 마음도 건강해지겠습니다.'

부처님께 엎드려 다짐한 말들이 고스란히 메아리쳐 돌아와 가슴에 박혔다. 그렇게 다시 마음이 강해지고 있었다. 간절한 절 한 배 한 배에 어느 날은 슬픔으로, 또 어느 날은 기쁨으로 눈물이 함께했다.

그때는 삼귀의, 천수경, 반야심경도 몰랐다. 무서운 개가 쫓아오면 엄마에게 달려가 안기는 아이처럼 그렇게 앞뒤 없이 맹목적으로 간절하게 부처님을 향한 백팔배만 있었다. 그것만으로도 좋았다. 백팔배를 하면서 한없이 눈물을 흘리고 나면 마치 부처님 품에 안겨 펑펑 울기라도 한 듯 마음이 가벼워졌다. 한없이 자비로우신 그 마음이 고스란히 느껴져 다시금 살아갈 힘이 생겼으니 백팔배는 20일이 지나도록 계속되었다.

그런데 산 중턱에서 만족하며 머무르려는 나에게 산 정상까지 어서 가라는 또 한 번의 부처님 재촉이 있었다. 항암치료를 끝내고 방사선치료를 위해 매일 두 시간 거리를 오가며 법륜 스님의 즉문즉설을 들을 때였다. 육도윤회에 대한 질문에 법륜 스님이 답변을 하셨다. 지옥, 아귀, 수라, 축생, 인간, 천상의 여섯 갈래길을 윤회하는 중생의 삶을 설명하셨다. 윤회라는 말을 들었을 때 식상한 이야기려니 싫었다. '죽어서 가는 세상을 어찌 알겠는가? 뭐라고 말한들 사람으로서는 확인할 길이 없으니 그저 믿는 수밖에… 미지의 세계를 말해야 사람들로 하여금 신비로움과 두려움을 일으켜 종교가 유지되는 거겠지.' 이런 생각을 하며 큰 기대 없이 듣고 있었다. 그런데 법륜 스님께서 말씀하시기를 육도윤회는 죽어서 가는 세상이 아니라 지금 여기에서 우리가 겪는 세상을 이야기한다는 것이었다. 어리석음에 빠져있으면 축생의 삶이요, 성내는 마음에 빠져있으면 아수라요, 탐하는 마음에 빠져있으면 그것이 곧 아귀의 삶이라는 것이다.

아하, 참으로 그렇구나. 괴로움에 빠져있으면 그곳이 곧 지옥이고 일이 뜻대로 잘 풀리고 풍족하면 그곳이 곧 천상의 세계인 것이다. 나를 비롯하여 거의 모든 세상 사람들이 한 치의 의심도 없이 천상의 세계로 가면 제일이라고 믿으며 그곳을 향해 아등바등 살아가고 있는데 그런 천상마저도 궁극의 목적이 아니라고 하신다. 천상 아니라 그 어디에도 얽매이지 않는 경지가 있다는 것이다.

'그러한 경지… 바로 해탈!'

이 말씀을 듣는 순간, 머리가 아찔하여 걸음을 옮길 수가 없어 한참을 길에 멈추어 서있었다.

'도대체 뭐야? 불교… 도대체 뭐지? 내가 알던 불교는 불교가 아니었어. 꼭 알아봐야겠다.'

그렇게 혼란스러우면서도 간절한 마음으로 조계사 기본교육에 이어 불교대학에 입학했다. 첫 개강일은 방사선 치료가 끝난 바로 다음 주 월요일이었다. 일정이 하루도 겹치거나 떨어져있지 않은 것이 신기했다. 항암치료와 방사선치료를 받으러 5000번 버스를 수없이 타고 다녔었는데 신기하게도 조계사를 가려면 그 버스를 타야했다. 조계사는 병원에서 두 정거장을 더 가야 했다. 개강 첫날, 병원에 갈 때면 늘 내려야했던 그 정거장을 지나치던 순간을 기억한다. 병원 앞 정거장이 뒤로 멀어져가는 모습을 보며 버스 안에 앉아 마음속으로 되뇌었다.

'부처님, 이제 저는 아픔에서 한 걸음 더 나아가 부처님 가르침을

배우렵니다. 부지런히 배워 언젠가 이 세상을 떠나는 그 날, 여여하게 그렇게 떠나고 싶습니다.'

죽음을 마주했던 그 순간, 마지막까지 남았던 아쉬움은 더 나은 사람이 되는 것이었다. 그때는 그것이 어떤 모습인지 구체적으로 알 수 없었지만 이제는 그때 나의 바람에 이름 지어줄 수 있다. 그것은 바로 부처님 가르침과의 만남이다. 죽음을 한 번 마주한 후로 나는 하루에도 몇 번씩 스스로에게 묻는다.

'오늘 밤에 죽는다고 해도 이렇게 살 거니?'

그러면 조금의 망설임도 없이 대답한다.

'5분 후에 죽는다고 해도 이렇게 살 거야. 부처님 가르침 듣고, 읽고, 배우고, 행하고, 전하면서 이렇게 살 거야.'

서른여섯, 젊은 나이에 받은 암 진단은 너무나도 암담했다. 지금까지 살아온 만큼 앞으로 살 수 있을지 자신이 없고 두렵고 서럽기만 했다. 그러나 부처님 가르침을 만난 지금은 이렇게 이른 나이에 암 진단을 받은 것에 너무나도 감사하다. 그것은 병이 아니라 부처님으로부터의 초대장이었다. 언젠가 이 세상 소풍이 끝나는 그날, 미소를 한 아름 머금은 채 여여히 떠날 수 있게 되기를 꿈꾸며 오늘도 나는 법문 다시듣기 버튼을 눌러 법을 청해본다.

바라밀상

타인의 심장으로
사경수행의 환희를
느끼다

무간수 유순자

신앙생활의 벽

딱히 종교가 없었던 내가 불자가 된 것은 결혼 후 대구에 살 때였다. 집 근처 영천 은해사를 찾았다가 무비 스님으로부터 계를 받았다. 사찰은 색다른 공간이었다. 특히 법당에 가만히 앉아 있으면 은은한 향 내음과 자비로운 부처님의 미소가 내 마음을 따뜻하게 다독여주는 듯했다. 무엇보다 계를 받으며 들었던 법문은 깊은 감동이었다. 그렇게 불자로서의 삶을 시작했다.

마음 한 켠에 불교를 더 알고 싶고 신행생활도 열심히 하고 싶은 바람이 있었지만 상황이 여의치 않았다. 특히 남편이 군인이어서 이사가 잦았기에 한 사찰에 인연을 두고 오랫동안 다니기가 힘들었다.

꾸준히 이어지진 못했지만 어디든 집 가까운 절이 있으면 종종 법회에 참석했다. 법당에 앉아 있는 것만으로도 좋았다. 2002년 부산 해운대로 이사 왔을 때에는 지금의 대광명사 주지 목종 스님이 주지로 계셨던 반야원을 다니기도 했다. 불자라고는 하지만 그때까지만 해도 다른 많은 주부들처럼 아들의 입시를 위한, 가족을 위한 기도가 내 신행생활의 전부였다. 2000년 겨울, 심장질환으로 갑작스레 쓰러지기 전까지만 해도 말이다.

우리 가족은 대대로 심장이 약했다. 친정아버지도 심장이 좋지 않으셨고 내 동생도 마찬가지였다. 절에 다닌다고 나만 예외일 수는 없었다. 병원에서는 세포 변이가 일어나는 유전적인 결함이라고 했다. 심장을 감싸는 근육이 붓고 이로 인해 심장을 오가는 혈액 공급이 제대로 이어지지 못하는 상황이었다. 일상생활을 하던 중 갑자기 쓰러진 것도 이 때문이었다.

심장의 기능을 원활하게 돕기 위해 2005년 봄부터는 기계 하나를 몸 안에 달고 살았다. 힘겨운 시간을 보낸 후 같은 해 5월 27일에 심장이식을 할 수 있는 기회가 닿았다. 지금도 그렇지만 당시 우리나라에서 장기기증은 매우 드문 일이었다. 다시 돌이켜봐도 부처님 가피라고밖에 표현되지 않는다.

이식 수술은 성공적이었다. 절망이 희망으로 바뀌고 있었다. 건강하게 뛰는 심장으로 새로운 삶을 시작하리라는 기대도 컸다. 그러나 이식을 받는다고 해서 병원 생활이 끝나는 것은 아니었다. 일상생활을 하다가도 평소보다 조금 더 무리하면 피로감이 곱절로 찾아왔다. 꼬박꼬박 챙겨 먹어야 할 약도 많았다. 내 몸과 새롭게 이식한 장기 간 충돌을 막기 위해 면역을 억제시키기 위한 조치였다. 지금도 약물 면역 억제제를 비롯한 많은 약들을 먹고 있다. 아마 평생을 먹어야 할 것이다.

이러한 체력적 여건 때문에 신행생활을 하기 위한 선택의 폭도 좁아질 수밖에 없었다. 힘들고 지친 마음에 부처님께 의지하고 싶은 마음은 굴뚝같았지만 내가 할 수 있는 것이라고는 간간히 법당을 찾아 앉아있다가 나오는 정도에 불과했다. 절이나 참선수행은 엄두도 내지 못했다. 좌복에 땀을 흘리며 절수행을 하거나 철야정진법회에 참석해 용맹정진을 하는 다른 불자들이 내심 부럽기도 했다.

사경의 힘

사경수행을 알게 된 것은 심장 이식 후 1년이 지난 무렵이었다. 평소 알고 지내던 도반으로부터 《금강경》과 《반야심경》을 금가루로 쓰는 사경 책을 선물 받은 것이다. 선물을 해준 정성에 보답하는 마음으로, 그리고 호기심에 서툰 붓글씨로 그리다시피 한문 금니 사경을 겨우 완성했다. 하지만 그때는 내가 뭘 한 것인지 몸으로 마음으로 와 닿지 않았다. 한번 완성해 보겠다는 의무감으로 마지막 페이지까지 끝내는 데에만 의미를 두었던 것 같다. 뜻도 모르고 써내려 간 경전이었지만 돌이켜보면 사경수행과 인연을 맺는 소중한 씨앗이 된 시간이었다.

남편이 정년퇴임을 한 후 우리는 건강도 추스를 겸 경북 경산으로 이사를 갔다. 대구 대관음사 경산법당을 다니게 되었는데 당시 대관음사 회주 우학 스님이 '천일 무문관 청정결사'를 이어가고 있었다. 스님의 정진 기간 동안 사찰 신도들은 사경과 명상수행에 매진했다.

사경을 해보았던 터라 덜컥 동참자로 신청을 했다. 그러나 등록하자마자 바로 붓을 잡은 것은 아니었다. 심장이식 후 눈이 많이 나빠져 사경을 하려면 돋보기가 필요했다. 건강도 좋지 않아 힘들겠다는 생각에 선뜻 용기를 내지 못하는 날이 이어졌다. 그렇게 차일피일 사경을 미루던 어느 날, 잠자리에 누웠는데 문득 지금 하지 않으면 안 될 것 같은 마음이 들었다.

다음 날은 마침 《법화경》 공부를 하는 날이었다. 절에 가자마자 사경 책 21권을 구입해 부처님 전에 올려놓았다. '부처님! 사경할 수 있는 건강을 주십시오.' 간절히 기도했다. 그때부터 매일 아침 6시에 일어났다. 군인 남편 덕분에 아침 일찍 일어나는 습관이 몸에 배어 있었던 점이 사경을 하는 데 큰 도움이 됐다. 남편은 퇴직 이후에도 매일 아침 6시에 일어났다. 식사 후 주변 정리를 하고 마음을 가다듬은 뒤 사경을 했다. 이렇게 1시간 이상 사경하는 날이 이어졌다. 처음에는 그저 빨리 써야 된다는 생각이 앞섰다. 그런데 언제부터인가 시간에 관계없이 사경을 하고 있었다. 어떤 날은 한참 사경을 하고 난 뒤 시계를 보면 2시간이 훌쩍 넘어가 있기도 했다.

2013년 음력 4월 15일부터 2016년 음력 1월 15일까지 33개월 동안 《법화경》 전7권, 《화엄경》 전7권 사경을 회향했다. 《금강경》은 한문과 한글을 통틀어 일곱 번 사경했다. 특히 《금강경》을 한글로 사경할 때는 그 뜻이 새겨지면서 대단한 감동을 느끼는 새로운 발견을 하게 되었다. 그래서 그때부터는 다른 경전도 가능한 한글로 의미를 새기며 사경을 했다. 사경 초기에 조급한 마음으로 해서 글씨가 이

상했던 한 권은 마지막에 다시 썼다.

　사경을 하는 아침 시간에는 오로지 부처님과 만난다는 생각에 행복감이 밀려올 때가 많았다. 그렇게 사경을 거듭하며 3대 대승경전 사경을 모두 마쳤다. 이렇게 사경한 대승경전 21권은 지난해 5월 1일 대관음사 감포 도량에 사리탑이 조성될 때 함께 봉안했다. 그날의 환희로움은 말로 표현할 수 없다.

　사경수행의 환희심이 거듭되던 2014년 10월, 경산에서 다시 부산 해운대로 내려오면서 목종 스님을 찾아갔다. 마침 스님은 대광명사라는 큰 도심포교당을 조성하여 수행 대중화에 힘쓰고 계셨다. 절에서는 여름과 겨울마다 재가안거수행이 진행되고 있었다. 이번에는 자신 있게 동참의 뜻을 밝혔다. 사경을 수행법으로 삼고 《지장경》과 〈츰부다라니〉에 이어 〈광명진언〉 사경으로 안거를 보냈다. 지금은 《자비도량참법》 한 권을 세 번씩 쓰는 방식으로 사경을 하고 있다.

　사경수행의 공덕인지 기적 같은 일도 경험했다. 동생의 심장 이식 소식을 접하였다. 가족 모두 심장이 좋지 않아서 사경 발원문에 동생도 나처럼 좋은 인연을 만나 심장이식을 할 수 있기를 마음을 담았다. 그런데 지난해 백중에 절에서 기도를 하고 있을 때 동생에게 문자가 왔다. 드디어 이식을 할 수 있게 되었다는 얘기다. 그 문자를 보고 얼마나 기쁘고 감사했는지 가슴을 부여잡고 울며 웃었던 기억이 생생하다. 동생 역시 성공적으로 수술을 마치고 새로운 삶을 이어가고 있으니, 정말 부처님의 가피라고밖에는 표현할 길이 없겠다.

진짜 문제가
무엇인가

모르는 사람이 보면 내가 사경하는 자세가 이상해 보일 것이다. 사경을 시작할 때면 두 다리가 벌어지지 않도록 의자에 묶어놓기 때문이다. 관절이 좋지 않아서 그런데 몸이 자꾸 기울어지는 것을 방지하기 위해서 한쪽 팔 아래에는 책 몇 권을 받쳐서 고정을 해놓는다. 팔목 아래에는 손목 저림을 방지하기 위해 손수건까지 덧대어 있으니 누가 보면 이상하게 느끼는 게 당연하겠지만 나로서는 이렇게라도 수행을 할 수 있다는 사실이 감사할 따름이다.

사경수행을 만난 후 내 인생에는 많은 변화가 찾아왔다. 우선으로는 항상 복잡하게 얽히던 생각이 많이 단순해졌다. 사소한 잡생각을 덜 하게 되니 마음이 편안해졌고 여유가 생겼다. 문제가 발생했을 때에도 아직 일어나지 않은 상황에 대해 고민하기보다 이미 발생한 문제의 진짜 원인이 어디에 있는지를 파악하려 한다. 그러다보니 불필요한 스트레스가 줄고 망상에서도 쉽게 벗어나게 됐다.

잡생각을 대신해 나의 내면을 돌아보는 시간을 가지기 위해 노력한다. 내게 온전히 집중하고 의식의 변화와 생각의 흐름을 찬찬히 따라가다 보면 마음속에 켜켜이 쌓여있는 갖가지 감정의 앙금에서 보다 쉽게 벗어날 수 있다. 표정마저 밝아지는 느낌이다. 사경할 때에도 항상 발원문을 올린다.

'일체 모든 중생들이 병고에서 벗어나기를 기원합니다. 모든 존재들이 행복하고 평화롭기를 기원하며 이 수행의 공덕을 모든 존재들에게 회향합니다.'

주위에서 생을 다한 지인들의 소식이 들리면 그날의 사경수행에 앞서 이렇게 추모의 마음을 올리고 시작한다. '오늘은 고인을 위해 사경합니다.'

무엇보다 내게 새로운 생명을 불어넣어 준 그 분, 이름은 알지 못하지만 감사한 그 분의 극락왕생을 염원하는 일은 내 삶에서 가장 소중한 부분이다. 그리고 나뿐만 아니라 이 시대 장기기증이라는 소중한 나눔을 실천하고 가신 분들 덕분에 나와 나의 동생처럼 새 생명을 살아가고 있는 사람들이 있음에 감사하다.

이번 부처님오신날에도 장기기증을 하고 돌아가신 모든 분들을 위해 '생명을 나눠주고 가신 일체의 영가님'이라고 써서 영가등을 달았다. 또한 내가 장기기증을 받아서 새 삶을 살게 된 것처럼 나 역시 내가 할 수 있는 부분에서 장기기증 캠페인에 동참하며 힘들고 어려운 시간을 보내는 환자들에게 조금이나마 힘이 되고 싶다. 이 발원이 사경수행의 시작과 끝에 항상 함께하고 있음을 조심스럽게 고백해본다.

단순하고
소박한 삶

나 역시 평생 약을 먹어야 하지만 장기이식을 한 사람들은 면역력이 약해 많은 약을 먹을 수밖에 없다. 또 이 장기가 언제 어느 때인가 문득 멈출 수도 있다는 생각을 가질 수밖에 없다. 암울한 생각으로 가득할 수 있는 상황이지만 사경수행으로 만난 행복은 내 마음을 변화시키고 삶을 바꿨다. 마음이 편안해지고 행복이 충만하니 몸 상태도 점점 더 좋아지는 듯하다.

몸이 회복되면서 요즘에는 절에도 자주 나간다. 대광명사 불교대학에서 《승만경》,《육조단경》에 이어 《금강경》까지 경전 공부를 마쳤다. 현재는 《서장》을 배우면서 진짜 나의 주인이 누구인지를 화두 삼아 열심히 공부하며 사경하고 있다. 《자비도량참법》 열 권을 세 번씩 사경하고 회향하겠다는 결심도 혼자만의 약속이지만 그 무게감은 결코 가볍지 않다.

이제 사경은 내 삶의 일부가 됐다. 사경을 통해 나를 변화시키고 주변을 바꾸고 이 세상을 바꿀 수 있다는 신념도 나날이 커져가고 있다. 몸이 아프다고 나약하고 소극적이었던 내가 이제는 장기기증을 받은 감사함을 적극적으로 회향하겠다는 발원으로 캠페인에도 동참하고 생명 나눔의 가치를 주변에 적극적으로 알리고 있지 않은가. 사경으로 인한 나의 작은 변화가 실천으로 이어져 세상을 조금 더 맑히는 데 기여했을지도 모른다는 생각에 웃음도 난다.

  나는 오늘도 사경을 한다. 사경집을 펼치고 한 자 한 자 부처님의 법음을 새기며 수행의 환희심과 마주할 것이다. 그리고 욕심내지 않고 단순하고 소박하게 부처님의 가피를 회향하는 마음으로 하루하루를 살아가고 싶다.

동국대총장상

한 발
물러서는 것도
괜찮다

대원 조형준

평범한 사람

인간관계라든지 어떤 일을 추진함에 있어서 그럴 때가 있다. '아, 내가 이렇게까지 하면서 살아야 되나?' 혹은 '아니 쟤는 왜 저러는 거야. 진짜 이해가 안 되네' 하는 생각이 들 때 말이다. 누구나 한 번쯤은 그런 경험이 있을 것이다. 나 또한 그런 생각을 많이 했었다.

내 인생은 너무나 평범했다. 평범한 초등학교를 가고 평범한 중학교를 가서 평범한 고등학교에 진학하고 평범히 공부해서 평범한 대학교에 갔다. 그래서인지 이렇다 할 학창시절 추억이 남들에 비해 적은 것 같다. 그에 대한 아쉬움 때문에 대학에 가서는 뭔가 남들과는 다르게 생활하고 싶었지만, 결국 사람은 변하지 않았다.

나는 여전히 평범한 대학생활을 하고 있었다. 그저 남들이 다 한다는 것들을 하면서 남들이 밟은 전철을 따라가며 살아왔던 삶이다. 그리고 2015년 12월 7일, 입대를 했다. 군대에 가면서 '아, 어차피 한 번 가는 군대라면 뭐라도 배워서 오는 게 낫지 않을까?' 하는 누구나 하는 평범한 생각을 했다.

나는 의장병으로 지원했다. 여기서만큼은 남들과 다른 특별한 군 생활을 하고 싶었다. 주변에서 왜 의장병을 가느냐, 힘들 거다, 어차피 21개월만 하는 군 생활 적당히 편하게 지내라고 말들이 많았지만 나는 이번에는 뭔가 다른 생활을 하고 싶었던 것이다. 그리고 대중에게 환호 받는 게 너무 좋았다. 하지만 그런 마음은 숨겨두었다. 그냥 가만히 있어도 남들에게 잘 보이는 그런 내 모습을 원했다. 지금 생각해보면 실소가 나온다. 아무것도 하지 않는 사람이 어떻게 환호 받을 수 있단 말인가? 말도 안 되는 얘기다. 하지만 군 의장병이라면 다르다고 생각했다.

사회에선 내가 남들에게 주목받고 인정받기 위해서 이리 치이고 저리 치이며 경쟁사회에서 살아남아 내 능력을 키워야 했다. 하지만 군대에서는 짜인 커리큘럼으로 훈련하고, 생활하면 누구나 의장병의 화려한 무대에 올라 설 수 있을 거라 생각했다. 물론 개인적인 노력이 필요하겠지만 말이다. 그렇게 다짐하고 혼란스러운 마음속에 입대를 했다.

다른 사람이 되는 훈련

훈련소 생활은 생각보다 적응하기 쉬웠다. 어쩌면 자대 배치 받았을 때보다 훈련소가 힘들었을지도 모른다. 사회에서 자유롭게 지내다가 처음으로 특정 행동들에 제약이 걸리니 말이다. 남들과 통화하고 싶을 때 하지 못하고, 자고 싶을 때 자지 못하고, 먹고 싶을 때 먹지 못하면 힘든 게 당연한지도 모른다. 그래도 훈련소에서 분대장 훈련병도 해서 사회에서는 해보지 못한 리더 역할을 해보기도 했다. 열심히 생활한 덕분에 연대장 포상으로 교육훈련 우수 상장도 받았다. 그렇게 훈련소를 수료했다.

본격적인 군 생활이 시작되었다. 국방부 의장대대로 전입을 와서 군기가 바짝 든 이병의 모습으로 선임들을 마주했다. 전입신고가 끝나고, 각 중대로 어떻게 편성될지 기다리고 있었는데, 한 선임이 와서 아이스크림을 건네며 말해줬다. "야, 야 먹어먹어, 이런 거 엄청 먹고 싶지 않았냐?" 난 군것질을 딱히 좋아하는 성격은 아니라서 그냥 덤덤했지만 뭔가 잘 보이고 싶었다. 그래서 큰 목소리로 "감사합니다! 잘 먹겠습니다!" 하며 아이스크림을 감사히 먹었다. 상병 6호봉인 지금도 그 사람을 잊을 수가 없다. 작은 친절이 뭔가 되게 고마웠다. 알 수 없는 감정이었다.

이틀 뒤 국립서울현충원 의장대로 배치되었다. 영외부대라서 뭔가 부조리가 있을까 무서운 감도 없잖아 있었지만, 한편으로는 기대가 되었다. 처음 간 부대에선 많은 사람들이 관심을 가져준다. 신병이라서 그런 것도 있겠지만 군 생활이 얼마 차이 나지 않는 근거리 선임들은 자신과 일을 같이 할 후임이 왔기 때문에 기뻐하기도 한다. 그렇게 자대 배치까지 마치고, 나는 남들에게 인정받고 싶어서 있는 일 없는 일 다 해가며 열심히 지내왔다. 혼도 많이 났다. 실수도 많이 했다. 하지만 남들에게 인정받고 싶은 내 마음이 너무 강렬했다.

남들보다 총 돌리는 것도 앞서 나갔고, 생활이나 행사복 정비 같은 면에서도 괜찮은 편이었다. 하지만 뭔가 허전했다. 총도 잘 돌리게 되었고, 그토록 해보고 싶던 동작 행사도 했던 나였지만 무언가 바뀌어있었다. 내 자신이었다.

사실 살면서 군 생활처럼 많이 노력해본 적이 없는 것 같다. 군대에서는 대부분 처음 보는 사람들이다. 이 사람들은 내가 어떤 삶을 살아왔고 어떤 사람인지 잘 모른다. 그러니 나 자신을 잘 꾸며 가면 그만이었다. 여기까진 좋았다. 그런데 대인 관계에서 무언가 조금씩 엇나가기 시작했다.

내가 왜
벌을 받아야 하나

나는 이른바 '깨스'였다. 말하자면, 군기 담당이다. 원래 내 성격은 그리 썩 온화하지 못하다. 하지만 마음은 굉장히 나약하고 여리다. 이런 모습을 남들한테 보이는 게 정말 싫어서 일부러 센 척, 장미의 따가운 가시처럼 위장을 하고 군 생활을 했다.

의장병은 군을 대표하는 행사를 하기 때문에, 한 치의 실수도 없기 위해선 군기가 필요하다고 생각했다. 아무도 시키지 않았지만 나 스스로 그런 행동을 자처했다. 어쩌면 열심히 하고자 했던 내 마음이 비뚤어진 것일 수도 있다. 후임들이 조금만 실수해도 꾸짖고, 일부러 더 화를 냈다. 한 번만 생각해보면 그렇게 화 낼 일이 아닌 것도 많았는데, 누군가 그렇게 하지 않으면 군기가 확립되지 않는다는 나만의 생각에 더 그랬던 부분도 사실 있는 것 같다. 아니 확실하다.

혼을 낼 때는 엄청나게 냈지만, 후임들을 챙겨주고 보듬어 줄 때는 누구보다 먼저 가서 돌봐주고 맛있는 것도 많이 사줬다. 나는 그렇게 만족하고 있었다. 그렇게 일병 생활을 보내고 상병을 달고 3호봉이 되었다. 얼마 안 있어 사건이 터졌다. 너무 말을 안 듣는 후임이 들어왔다. 현충원 의장대는 육군, 해군, 공군, 해병이 다 같이 모여서 생활한다. 그래서인지 군번이 꼬여서 육군 후임이 상병 3호봉이 되도록 2명밖에 없었는데, 심지어 그 두 명은 행정병이었다. 그러니 실질적으로 새로 온 후임은 내가 가르쳐야 되는 상황이었다.

군 생활이 너무 차이 나는 후임은 내 말을 따라주지 않았다. 자기 고집도 있었다. 나는 너무 화가 난 나머지 폭언과 욕설을 하고 말았다. 예전에 후임들에게 그렇게 화를 냈어도 욕은 하지 않았었다. 그런데 계속해서 쌓여있던 스트레스가 폭발한 것이다.

그 일로 징계를 받고, 난 영창을 가게 되었다. 영창을 가기 전 너무나도 마음이 혼란스러웠다. '내가 왜 영창을 가야 되지? 난 누구한테 피해 안 주고 군 생활 잘했고, 말 안 듣고 잘못한 건 개인데?' 그러면서 '진짜 너무 화난다. 하…' 이런 생각들이 온몸을 지배했다. 스트레스를 너무 많이 받아 피부도 거칠어지고 수척해졌다.

요동치는 마음을 다스리고 싶어서 종교 활동에 참석했다. 신병 때

재미 삼아 두세 번 가본 불교 법회를 찾아가봤다. 뭔가 지금의 내 마음을 다스려 줄 수 있기에는 불교가 제일 좋을 것 같았다. 그리고 법사님 말씀을 들었다. 정말 우연의 일치인지, 지금 내 상황에 딱 맞는 조언을 예불 때 해주시는 것이다. 법사님은 이렇게 말씀하셨다.

"여러분, 지금 상황이 힘들다면 모든 것을 다 멈춘 다음에 한번 가만히 앉아서, 정말 아무것도 하지 말고 가만히 앉아서 아무 생각도 하지 말아보세요. 인간의 뇌에는 '휴지기 네트워크' 라는 것이 있습니다. 이른바 뇌의 휴식이죠. 본인이 어떤 일을 함에 있어서 일이 잘 되지 않을 때, 아무리 생각해도 답이 나오지 않을 때 결국 포기합니다. 그리고는 그 일을 생각하지 않죠. 그러다 어느 날 뇌리를 불현듯 스치는 생각이 있지 않나요? '아! 내가 그 생각을 왜 못 했지?' 이런 때 말입니다. 사람의 뇌는 활동하는 것도 중요하지만 쉬는 일도 활동하는 것만큼이나 중요합니다.

가만히 앉아서 아무 생각도 하지 말아보세요. 분명 도움이 될 겁니다. 일병, 이병들은 선임들이 너무 혼내서 힘드신가요? 상병, 병장 분들은 후임들이 너무 말을 안 들어서 화가 나고 짜증이 나십니까? 부처님은 '분함과 억울함을 참지 못하는 사람은 수양이 부족한 탓이다'라고 하셨습니다.

여러분은 아직 젊습니다. 그리고 삶을 살면서 자신의 심신을 단련시킬 시간은 더욱 없이 치열하게 살아왔지요. 그러니 작은 일에도 쉽게 화가 나고 짜증이 날 수 있습니다. 선임 병사 분들은 후임이 너무 말을 듣지 않아서 욕을 하고 화를 냅니다. 하지만 부처님은 '욕을 참아서 분함을 이겨라. 고운 말에선 향기가 난다'라고 하셨습니다. 내 기준에 못 미치는 사람이 있다면, 생각을 바꿔보십시오. 그 사람을 바꾸는 일은 생각보다 굉장히 어렵습니다. 왜냐하면 지금까지 살아온 20년 가까이의 생활과 삶이 있는데, 그것을 어떻게 군대에서 하루아침에 바꿀 수 있겠습니까? 사실 따지고 보면 군 생활은 본인이 변하는 것이 마음 편합니다. 선임이 자신을 너무 혼내면 한 발 물러서서 자신을 돌아보면 되는 것입니다. 선임이 정말 인성이 나쁘고 천한 사람이라면 아무리 잘해도 혼을 냅니다. 그럴 땐 반대로 '아, 저 사람은 저렇게 살면 언젠가 나중엔 벌 받고 힘들어지겠구나' 마음속으로 생각하시면 조금 편해질 수 있을 겁니다. 또 상병, 병장 선임들은 후임이 너무 말을 안 들으면 똑같이 한 발 물러서서 생각해볼 수 있습니다. 본인이 일병, 이병 때 어땠는지, 본인이 그렇게 힘든 생활을 했을 때 누군가가 와서 자신을 위로해주진 않았는지, 생각해보면서 자신의 기준을 조금만 낮춰보는 것만으로도 스트레스가 훨씬 줄어들 것입니다."

　너무 와 닿았다. 평소 종교생활을 하지 않는 나였다. 무신론자는 아니지만 딱히 믿어야 할 필요성을 느끼지 못했다. 그냥 혼자 살아가는 것으로도 충분하다고 생각했었다. 하지만 법사님의 좋은 말씀을 듣고 난 후에, 조금씩 변화하기로 마음먹었다. '그래, 어차피 영창은 정해진 거, 이미 돌이킬 수는 없다. 내가 뱉은 말이 화살로 돌아와서 박힌 것뿐이다. 가서 법사님 말씀대로 앉아서 가만히 있어보면 어떻게든 되겠지.' 그런 생각으로 4일 동안의 영창 기간을 보내고 나왔다.

　인간관계에 대한 책도 많이 읽었고, 나 자신에 대한 통찰도 많이 했다. 어느 날 개인적으로 아끼는 후임과 이야기를 하던 중이었다.
"어, 조형준 상병님, 근데 뭔가 영창 갔다 오시고 난 뒤에 경건? 뭐라 해야 되지, 되게 홀리(holy)해지신 것 같습니다."

　후배가 던지는 농담을 들으며 신기하다고 생각했다. 아무 생각 없이 영창에 갔다 왔다면 난 분명 스트레스만 잔뜩 받아서 나왔을 것이다. 하지만 마음가짐을 고쳐먹고 법회에서 들었던 법사님의 말씀대로 실천해보니 조금은 마음이 편해진 것이다. 아니, 많이 편해졌다. 정신은 육체를 지배한다는 말이 괜히 있는 것이 아니라는 걸 확실히 느낀 시기였다.

　영창에서 나온 뒤로도 일상생활에서 법사님이 말씀하신 대로 생활 해봤다. 한 발 물러서서 상대를 생각해주기, 특히 '고운 말은 향기가 난다'라는 말씀이 굉장히 와 닿았다. 앞서 말했듯이 난 내 속마음을 들키고 싶지 않아서 일부러 욕도 많이 하고 강한 모습을 보이려는 성향이 있었다. 하지만 다 부질없는 짓이었다. 결국엔 그렇게 내가 뿌린 씨앗이 나무가 되어 열매를 맺었지만, 그것은 독이 찬 열매였다.

삶의
정답이란

폭풍이 몰아치는 파도 같았던 지금까지의 군 생활을 비웃기라도 하듯, 일상이 잔잔해지기 시작했다. 후임들이 실수하는 것을 봐도 한 발 물러서서 봐줬다. 처음 군에 와 뭣 모르던 나의 일·이병 생활을 되새겨 보았다. 누군가에게 위로받았으면 기뻤던 그 시절을 떠올리며 실수한 후임이 있으면 다가가서 격려하고 괜찮다고 다음엔 더 잘하면 된다고, 이미 한 실수는 돌이킬 수 없는 것이니 과거에 얽매이지 말라며 다독여줬다. 그렇게 생활한 지 2개월 가까이 되어간다.

내가 강하게 군기를 몰아붙이지 않아도 군대는 물론 의장병으로서의 내 생활은 잘 돌아가고 있었다. 후임들은 나를 전보다 더 친근감 있게 여기고 가까이 다가오는 일도 많아졌다. 한편으로는 허무했다. 그동안 나는 대체 무엇 때문에 그렇게 화를 내고 일부러 남에게 사나운 모습을 보여줬는지.

서로 다른 두 개의 생활을 해본 나로서는 정답이 무엇인지 누구보다 잘 알게 되었다. 내 마음이 괴로웠을 때 참석한 법회는 내 인생에서 터닝포인트가 될 만큼 파급력이 컸다. 그래서 지금도 시간이 되면 법당을 찾아가서 좋은 말씀을 듣곤 한다.

"아직 젊은 20대 청춘인 병사 여러분들은, 두려움 때문에 해보지 못한 일이 많을 겁니다. 그런데 말이죠, 인생에서 젊음은 굉장히 짧고 한정적입니다. 그런 시간에 해보지 못하면 평생 후회로 남아요. 정말입니다. 왜, 해도 후회할 것 같고 안 해도 후회할 것 같으면 그냥 차라리 하고 후회하라고 하잖아요? 물론 그게 범죄라면 예외지만 말이죠. 아무튼 이 말이 왜 있느냐? 대부분은 안 해서 후회를 하기 때문이에요. 두렵다고요? 그냥 일단 부딪혀 보세요. 젊음의 힘은 생각보다 굉장히 강합니다. 그런 일에 자신을 알몸으로 내던져 보세요. 일단 저질러 보세요. 어떻게 될지 결과는 아무도 모릅니다. 그래서 실패를 하더라도 그 실패로 남겨진 상처는 새살이 돋아나서 굳은살처럼 강해질 겁니다. 혹시 압니까? 여러분이 했던 그 일이 나비효과가 되어 엄청난 성공을 이끌고 올지? 그건 정말 아무도 모르는 일이에요.

사실 이게 말이 쉽지 정말 어려운 행동입니다. '고난이 있을 때마다 그것이 참된 인간이 되어가는 과정임을 기억하라'고 부처님이 말씀하셨습니다. 눈 질끈 감고 부딪혀 보세요. 생각보다 어려운 일은 아닐 겁니다."

법사님이 말씀을 해주시면 그 누구의 말보다 와 닿았다. 어쩌면 그 법사님이 달변가여서 그럴 수도 있겠지만, 불교의 덕목에 대해서 그 의미가 잘 전달되고 있었다. 그러면서 나는 예전부터 해보고 싶었던 일이 떠올랐다. 바로 성우 일이다. 그때부터 성우에 대한 글도 많이 찾아보고 학원도 알아봤다. 지금은 군대에 있으니 학원을 갈 수 없는 상황이지만, 전역하면 바로 해볼 생각이다. 물론 해보고 영 아니다 싶으면 다시 생각해보겠지만 지금 안 하면 후회할 것 같다. 법사님 말씀대로 해도 후회, 안 해도 후회라면 해보고 후회하는 것이 몇 배는 괜찮을 것 같다는 생각이 들었다.

예전보다 너그러운 마음가짐으로 살다 보니 조금은 답답한 면도 있지만 예전보다 스트레스는 확실히 덜 받고 있다. 이렇게 하면 된다는 걸 이전에는 몰랐던 것은 아니다. 하지만 그걸 행동으로 이끌어주고 시작하게끔 일깨워 줄 계기가 없었던 것뿐이다.

사람들도 살아가는 데 정답이 무엇인지 알고 있다. 하지만 그걸 실행하는 사람과 하지 않는 사람의 차이는 굉장히 크다. 대부분은 오답을 써놓고 정답이기를 바란다. 왜? 그게 편하니까. 그게 나랑 맞으니까. 그렇게 사는 것이 지금 당장은 편하니까. 하지만 나는 느꼈다. 그런 삶은 언젠가 나처럼 시련을 겪게 될 가능성이 다분하다.

정답을 알고 있다면 바로 행동으로 옮겨야 한다. 확실히 청춘은 짧다. 하지만 이럴 때일수록 급하게 행동하면 안 된다. 법사님 말씀대로 일단 부딪히는 것도 좋지만, 어느 정도 준비를 하고 부딪치는 것도 좋지 않을까 하는 생각이 든다. 내가 겪은 것처럼 한 발 물러서서 생각해보고 행동하면 전보다 훨씬 더 좋은 결과가 있을 거라는 걸 믿어 의심치 않는다. 직접 겪어봤기 때문이다.

세상은 우리가 생각하는 것보다 엄청나게 넓고 어떤 의미로는 굉장히 좁기도 하다. 이런 세상에서 아웅다웅 하며 바쁘게 살아가고 경쟁하는 우리는 한 번쯤은 멈춰서 생각하는 시간이 필요하지 않을까. 난 인생의 4분의 1도 살지 못한 새파랗게 젊은 새싹이지만, 내가 법당에 가서 큰 깨달음을 얻은 것처럼 다른 사람들도 계기가 어떻든 누구의 말씀을 듣게 되든 깨달음을 얻을 수 있는 기회가 충분히 마련되길 바란다.

바라밀상

물이 흐르 듯,
바람이 불 듯

여법 성재우

나를 향한 질문

"귀하께서는 합격자 명단에 없습니다."

　지원한 모든 대학에서 떨어졌다. 2014년 12월의 어느 추운 겨울날이었다. 다음 날 해가 뜨자마자 옷가지들을 챙겨 용돈을 모아둔 비상금을 들고 버스터미널로 향했다. 어디로 갈 것인지, 얼마나 갈 것인지 아무것도 정하지 않고 즉흥적으로 떠났다. 부모님께는 잠깐 여행을 다녀온다는 짧은 연락을 남긴 채 핸드폰도 두고 갔다. 혼자만의 시간에 방해만 될 것이 분명했기 때문이다.

　버스터미널 의자에 앉아 어디로 갈지 곰곰이 생각했다. 아무에게도 방해받지 않고 조용히 시간을 보낼 수 있는 곳을 원했다. 나를 괴롭히는 그 어떤 소음도 없이 고요한 산 속 깊숙이 있는 절에 가고 싶어졌다. 과거 가족여행을 갔다가 길을 잘못 들어 우연히 들린 순천의 한 사찰이 떠올랐다. 당시 사찰에서 스님이 달여주신 차를 마시며 편안하게 쉬었던 기억이었다. 순천이라면 내가 좋아하는 게장도 있고 석양이 아름다운 순천만도 있으니 쉬러가기 좋을 것이다. 바로 버스표를 끊었다.

　1년간의 수험생활을 하면서 몸과 마음이 모두 지친 상태였다. '정말 열심히 했다, 이정도면 충분하다'고 자신만만했기에 입시에서의 실패는 큰 충격으로 다가왔다. 오만하고 겸손하지 못했다. 지나간 학창 시절이 떠오르며 머릿속은 후회와 아쉬움으로 가득 찼다. 주위 친구들은 모두 원하는 대학에 합격하여 행복해 보이는데, 나만 패배자가 된 것 같은 기분이었다.

성인으로서 발걸음을 내딛는 이 시기에 겪은 실패는 여러 가지 생각이 들게 했다. 특히 그동안 입시로 인해 잠시 묻어두었던 원초적 자아를 향한 질문, '나는 어떻게 살아야 하나'라는 질문에 답을 찾고 싶었다. 이 답을 찾는 것만이 지금의 괴로움에서 벗어나는 유일한 방법인 동시에 성공에 다가가는 길이라고 확신했다. 또한 인생에 궁극적인 목표인 행복을 위해서라도 그 답은 꼭 필요하다고 생각했다.

4시간을 달려 눈으로 뒤덮인 순천에 도착했다. 아침 일찍 출발해 아무것도 먹지 않은 상태였기 때문에 배에서는 밥 달라는 소리가 요란하게 울려댔다. 일단 터미널 근처 상인들에게 물어물어 유명한 게장백반집에 가서 허겁지겁 식사를 마쳤다. 주인아주머니께 사찰을 찾아가려면 어떻게 가야 하는지 들은 후 길을 나섰다.

사찰은 생각보다 먼 곳에 있었다. 버스를 두 번이나 갈아타고 눈밭을 터벅터벅 걷다보니 어느덧 입구에 도착했다. 지나가는 신도님께 도움을 받아 대웅전에 방석을 깔고 앉았다. 주위에는 경전을 암송하는 분, 백팔배를 하는 분, 명상을 하는 분 등 각자 본인만의 방식으로 불상을 대하고 있었다.

답을 찾아서
헤매다

천천히 눈을 감았다. 과거 수련원에서 배운 명상법을 떠올렸다. 나를 둘러싼 모든 소리, 냄새 등을 자연스럽게 받아들이고 호흡에 집중했다. 자연의 소리를 들으며 차가우면서도 향긋한 공기를 느꼈다. 온몸에 힘을 빼고 평온을 유지하려 노력했다. 그러기를 10여 분, 자신을 제어하는 능력이 부족한 나는 어느 순간 잡념에 빠져들었다. 평정심은 흐트러지고 계속된 번뇌망상에 머릿속은 혼탁해지며 어지러웠다.

더 이상 버틸 수 없던 나는, 백팔배를 시작했다. 절을 하는 동안에는 정신적 고뇌에서 벗어나 편안할 수 있을 것이라는 기대와는 달리 예상치 못한 반응이 일었다. 절을 하는 내내 눈에서는 눈물이 뚝뚝 떨어지며 제멋대로인 마음을 좀처럼 잡을 수가 없었다.

그 눈물 한 방울 한 방울에는 미래에 대한 막연한 불안감, 실패했다는 패배감, 앞으로 마주하게 될 가보지 않은 길에 대한 두려움뿐만 아니라 나를 믿어준 주위 사람들에 대한 미안함, 자책감 등 복합적인 감정이 녹아있었다. 주체할 수 없는 눈물에도 백팔배를 이어갔다. 계속하다보니 오히려 내 가슴을 틀어막고 있던 무엇인가가 뚫리는 후련한 기분이었다.

울면서도 꾸벅꾸벅 절하는 모습이 신기했나보다. 울다 지쳐서 대웅전 밖 나무쉼터 의자에 앉아 쉬고 있는데 한 스님이 다가오셨다.

"뭐가 그리 힘들어서 그리도 서럽게 울고 있나요?" 스님의 질문에 나는 그간의 사정을 말하면서 앞으로 내가 걸어가야 할 길과, 어떻게 하면 지금의 고통에서 벗어날 수 있을지, 인생에서의 진리가 무엇인지 등 평소 가졌던 고민거리를 털어놓았다.

내 말이 끝났는데도 스님은 한참이 지나도록 내 얼굴을 빤히 보시더니 허허 웃으시면서 한 마디를 던졌다.

"자네는 이미 답을 알고 있네. 여기에 온 그 마음가짐으로 살다보면 어느 순간 깨닫게 되어있을 걸세."

수없이 많은 시간을 고민하며 보냈고, 아직도 답을 찾는 길은 멀고도 험하다고 생각했다. 좋다는 책의 감명 깊은 문구를 봐도, 이른바 '멘토'라고 하는 여러 지식인들의 말씀을 듣고서도 부족하다고 생각했다. 좀 더 명쾌하고 번뜩이는 그런 답을 원했다. 답을 찾지 못해 답답해하던 차에 스님으로부터 내가 이미 답을 알고 있다는 말을 들었다. 당황스럽기도 하고 어리다고 나를 놀리는 것이 아닌가 하는 의구심이 들기도 했다. 어리둥절해서 멀뚱멀뚱 서있는 내게 스님은 몇 마디를 덧붙이셨다.

"지금 자네가 느끼는 모든 생각들과 감정을 글로 적어보게. 집에 잘 보관을 해두었다가 몇 년이 지나고 문득 생각이 날 때쯤 한 번 봐 보게나. 그러면 내가 무슨 말을 했는지 알 걸세."

사찰에서 나와 순천 시내로 돌아가는 길에 종이와 펜을 얻어 속는 셈 치고 적어보기로 했다. 공부를 열심히 하였으나 원하는 결과를 얻지 못한 허탈감, 어두워 보이기만 하는 20대 시작에 대한 암울함, 앞으로 직면하게 될 수많은 실패와 좌절에 대한 두려움 등 생각나는 대로 끄적거렸다. 그리고는 스님이 주신 봉투에 넣어 가방 안에 두었다. 그 뒤로는 순천만 자연생태공원을 둘러보는 등 여행을 즐기고 마음을 추스른 다음 서울로 돌아왔다.

그리고 2년하고도 한 달이 흘렀다.

그럴 수 있겠구나

군 입대를 앞두고 있었다. 2년 1개월이라는 시간이 지나는 동안 나는 정시모집에서 마지막 추가합격을 해 원하는 대학교에 입학하였고, 괜찮은 이성친구도 만났으며 뜻이 통하는 많은 친구들과 함께 행복한 20대 청춘을 보냈다. 하고 싶은 공부도 마음껏 하며 인격적으로, 지성적으로 과거보다 훨씬 성숙한 모습이었다. 그런데 문득 그때 적었던 그 글이 떠올랐다.

책장 구석에서 꺼내어 본 글은 읽기 민망할 정도로 오글거렸다. 창피했지만 한편으로는 그때의 추억이 떠오르며 상념에 젖을 수 있었다. 스님이 그때 해주신 말이 떠올랐다. 내가 이미 알고 있다는 답이 무엇일까를 하루 종일 고민했다. 한참을 생각하다보니 미처 인지하지 못했던 삶에 대한 나의 가치관이 있음을 알게 되었다.

"모든 것은 자연의 이치대로 흘러간다. 오로지 내가 사는 지금 이 순간에 최선을 다할 뿐이다." "여름에 우박이 떨어지듯, 겨울이 따뜻하기도 하듯이." 인생의 변화무쌍함을 설법하신 법륜 스님의 말씀처럼 인생에 무슨 일이 일어날지는 아무도 모른다. 여름에 우박이 떨어지는 것도, 겨울이 따뜻한 것도 모두 자연스러움의 일부분이다. 다만 여름이 대체로 따뜻하고 겨울이 대개 춥듯이 좋은 마음을 가지고 살다 보면 좋은 일이 일어나는 게 보통인 것이다.

바람이 불면 바람에 몸을 맡기고 자연스럽게 풍향을 탄다. 물이 흘러가면 흘러가는 방향대로 거스르지 아니하고 편안하게 맞이하면 된다. 그러다 보면 길이 보이고 내가 가야 할 방향이 보인다. 바람이 부는데 가지 않으려고 바람에 맞서거나, 물이 흐르는데 거슬러 올라가려고 애쓰다보면 두 배, 세 배의 힘이 든다. 또한 인위적인 행동은 지금에 대한 집착으로 이어져 결국 고통으로 돌아온다.

내가 짐을 싸들고 순천으로 간 것도 자연스러운 과정이었다. 사찰에 가서 깨달음을 주신 스님을 만난 것도, 그때 쓴 글이 입대 전에 불현듯 떠올라 찾게 된 것도 모두 바람이 부는 것처럼, 물이 흐르는 것처럼 그렇게 행해졌다.

어떤 일에 실패했다고 생각하는 경우도 마찬가지다. 인생사 새옹지마, 원래의 꿈을 이루지 못해 다른 길을 찾게 되었는데 오히려 적성과 흥미에 맞아 더 큰 행복을 얻는 경우도 부지기수이다. 절대 좌절하고 주저앉을 필요가 없다. "지나간 것은 지나간 대로 그런 의미가 있죠." 온 국민의 지친 삶을 위로한 이 노래 가사처럼 모든 지나간 것들을 자연스러운 인생의 한 과정으로 보는 태도가 현명할 것이다.

    세상에서 가장 강력한 한마디가 무엇일까. "그럴 수도 있겠구나." 이것이 아닐까. 내가 원하는 바 목표를 이루지 못해도 "그럴 수도 있겠구나"라고 툭 던지는 것이다. 어떻게든 해결해 보겠다고 아등바등거리는 사이 머릿속은 온통 집착으로 가득 찬다. 실패를 실패로 생각하지 않는다. 나의 꿈을 향해 바람을 타고 흘러가는 과정에서 잠시 쉬어간다고 생각하면 될 일이다.

모든 만남은
한 번의 인연이다

그렇다고 운명에 모든 것을 맡기며 의욕 없이 사는 삶은 올바르지 않다. 순간순간의 소중함을 알며 최선을 다하는 자세가 중요하겠다. 고3 학창시절, 열과 성을 다해 공부하지 않았다면 앞서 말한 것과 같은 깨달음은 나에게 다가오지 않았을 것이다. '좀 더 열심히 공부했다면…' 하면서 후회로 머릿속이 가득 찼다면 나의 시간은 과거에 묶여있었을 것이다. 어느 누구보다 열심히 했고 그 결과가 좋지 않아 나만의 시간을 가지러 떠났던 여행이었다. 그 시간을 통해 나는 나의 길에 대해 진지하게 고민할 수 있었다. 나에게 주어진 것이 무엇인지 알고 자연스럽게 받아들이다 보니 우연에 우연이 겹쳐 필연적으로 얻게 된 선물이 바로 이 깨달음이라고 생각한다.

"모든 순간은 생애 단 한 번의 시간이며, 모든 만남은 생애 단 한 번의 인연이다." 법정 스님의 말씀대로 우리의 현재는 인연에서 시작하여 인연으로 끝이 난다. 작은 인연을 가벼이 여기지 아니하고 삶의 매 순간에 정성을 다하는 것이 현재를 살아가는 우리들이 반드시 알아야 하는 진리이다.

쉽게 표현할 수 없는 기나긴 세월의 흐름인 '겁'을 《범망경》에서는 전생에 좋은 과보를 맺은 사람과의 만남으로 나타낸다. 1만 겁의 시간을 보내면 스승과 제자로의 만남으로 이어진다고 한다. 1만 겁의 오랜 시간을 보내며 인연이 된 스님의 한마디는 어리기만 했던 나를 깨우침의 길로 인도해주었다. 성도 이름도 알 수 없는 무명의 스님께 큰 공덕을 받았다.

지금의 나는 군인이다. 군인으로서 힘든 일도 많지만 깨달은 바를 바탕으로 초연하면서도 매사 적극적인 삶을 살기 위해 노력한다. 매주 군 법당을 찾아 법회와 명상을 통해 동요하는 마음을 다잡곤 한다.

나의 오늘은 내가 결정하고 내일은 하늘에 맡긴다. 내 삶이 과정 속에 있음을 알고 이어지는 결과에 순응한다. 가야 할 길을 알고 자연스럽게 받아들이는 나의 얼굴에는 오늘도 여유가 넘쳐흐른다.

나 자신에게는
흠결이 많으니
타인의 바다와 같은
공덕을 관하라

아집을 완전히
버리고 부수어
타인을 받아들이는
연습에 집중하라

108산사순례기도회 회주상

참마음을
찾아서

향운행 최용자

내 신세가
하찮다

봄꽃들이 흐드러지게 피었다. 개나리, 진달래는 말할 것도 없고 벚꽃도 목련도 다투어 피는 호사스런 봄날이다. 해마다 맞이하는 봄이건만 느낌이 다르다. 내가 멀쩡하게 숨 쉬고 있다니 대견스럽다. 신비함이 전율이 되어 온몸을 훑고 지나간다. 어김없이 오는 계절이건만 유독 특별하다.

요즈음 환절기의 불청객으로 소홀하면 찾아오는 감기처럼 두세 집 건너 한 집 꼴로 암 환자라더니 그 불편한 낙인이 날벼락처럼 나를 덮쳤다. 건강하다고 자신만만했었다. 그러던 내가 암으로 인해 수술을 받았고 지금 5년째 투병 중이다. 그러니 목숨이 붙어있음이 고맙고 생명에 대한 소중함에 새록새록 숙연해질 수밖에 없다.

착각하고 산 게 또 하나 있다. 난 불교와 인연이 먼 줄 알았다. 관심이 거의 없었다고 봐야 한다. 가족을 따라 1980년대 초반에 천주교 신자가 되면서 그 신앙이 깊든 아니든 불교에 대한 호기심은 접어버렸다. 30여 년을 다니던 직장을 떠나 홀가분해졌을 때 마음공부를 해서 평정심을 누리고 싶다는 막연한 갈망이 일어났다. 내 의지를 꺾곤 하던 내 마음의 실체를 올바로 알고 돌파하고 싶다는 욕구가 밀려오곤 했다. 애써 흔들리는 마음을 잡았음에도 그 안정감은 며칠도 가지 않고 무겁게 짓누르는 우울감에 굴복당할 때 속을 알 수 없는 그 마음을 추스르려 무진 애를 써야 했다.

 그동안 나를 줄곧 따라다니며 괴롭혀대는 지독한 번민도 따지고 보면 세속적인 물질에 대한 욕심이나 집착에서 비롯되었을지 모른다. 직장 동료들이 떠벌이는 자랑과는 너무나 동떨어져 있는 내 현실이 가슴 아팠다. 나에게 있는 것이라곤 절망뿐이라고 느꼈다. 엄청난 산이나 바다가 딱 가로막고 있는 듯한 막막함이 나를 짓눌렀다. 직장을 다닐 때는 어쩔 수 없었다손 치더라도 직장을 떠난 지금까지도 떨어지지 않는 그림자처럼 따라붙어서 여전히 나를 짓눌러댔다.

 남들과 비교당하고 싶지 않다고 발버둥을 쳐도 내 신세가 처량하고 하찮았다. 사람들만 모였다 하면 양념처럼 화제로 나오는 손자 자랑, 재산 자랑… 입에 침이 마를 새 없이 주절대는 소리들을 듣고 있으면 나는 그 자리에 끼어서는 안 되는 사람인 듯한 기분이 들었다. 다 남의 얘기였다.

 내 아이들은 항상 얼굴 표정이 어두웠다. 일찍 암으로 세상을 떠난 아버지, 약삭빠르지 못해 항상 뒤처지고 세상 물정에 서툰 홀어머니 밑에서 기죽으며 청소년 시절을 보내서 그럴 것이다. 아이들은 자신들은 금수저가 아니라면서 결혼도 포기했다고 종종 말하곤 했다. 그런 환경에서 절대로 달아날 수 없었던 내 마음은 늘 칙칙했다. 소외감은 도를 넘었다. 삶이 무의미했다. 누구와 있더라도 마음을 옥죄는 열등감 속에서 하루하루를 버텼다. 벗어나고 싶었지만 쉽지 않았다.

우연이 만든 인연

그러다 우연찮게 닿은 불교와의 인연! 그 뒤로 놀랍게도 내 삶에 점진적으로 변화가 일어났다. 콧날이 시큰하도록 항상 슬픔에 절어 살았던 내면 깊숙이 침잠해 들어가는 선정과 삼매의 기쁨을 알면서부터 내 마음과도 화해할 수 있는 문이 열리기 시작했다. 신통하지 않을 수 없다.

불교신자인 친구의 말을 빌면 그랬다. 드디어 내가 시절인연이 닿았다는 것이다. 그 친구를 따라가 전법회관에서 처음으로 《금강경》 사경을 해보았다. 외롭고 쓸쓸하기만 했던 나는 그냥 친구가 그리웠고 그 친구를 만나 종알거리는 게 좋았을 뿐이었는데 《금강경》을 멋모르고 따라 쓰다 보니 집중력이 길러졌다. 적어도 사경할 때만큼은 잡념이 멀리 떨어져 나가니 다행이었다. 적다 보니 궁금해서 한글로 된 풀이본도 읽어 보았는데 '아상'이니 '아뇩다라삼먁삼보리'니 하는 단어의 뜻이 무척 궁금해서 마음에 걸렸다.

길상사와의 인연도 그랬다. 우연의 소산이었다. 직장이라는 틀에 박힌 생활에서 막 자유로워진 터라 서울에서 학교에 다니는 아들을 따라와 작은 원룸에 간신히 끼어 살고 있었다. 방이 너무 비좁아 서로 반대로 누워 잠자는 거 빼고는 할 일이 없었다. 그곳에서 낮 시간을 죽인다는 건 답답한 노릇이었다. 이곳저곳 떠돌았다. 광화문도 기웃거리면서 산책하듯이 거닐고, 한양 도성 길 탐방에 끼어 사대문과 성곽 길, 둘레길 걷기에도 서슴없이 따라나섰다. 그러다 숙정문을 탐방할 때 약속시간에 늦어 팀에 합류하지 못했다. 가까이 길상사가 있다는 팻말을 보고 무작정 그쪽을 향해 천천히 걸었다. 그렇게 해서 마주친 곳, 이미 알고 있었고 내가 언젠가는 찾아보리라 벼르고 있다가 발길이 우연히 닿은 곳이 길상사였다.

법정 스님에 대한 기사와 책을 읽었기에 처음 발걸음이었음에도 친근감이 생겨 어색하지 않았다. 일주문을 통과할 때부터 '삼각산 길상사'라는 편액이 정다웠다. 거의 물이 흐르지 않는 골짜기도 숲 가운데 자리 잡은 선원도 여기저기 놓인 벤치도 그냥 지나치지 못했다. 한 바퀴 둘러보고 나서야 집으로 돌아갈 수 있었다.

길상사를 찾는 횟수가 거듭될수록 자연스럽게 여유로워졌다. 겨울이 오고 있는 길목에 동네 뒷산을 오르듯 찾아와 너럭바위에 앉아 극락전을 바라보았고, 오순도순 정답게 손 마주잡고 서있는 나무들을 감상하고, 주변을 느릿느릿 소요하고, 극락전 마당 오른쪽에 서있는 인자하고 너그러운 모습으로 조각된 관세음보살상 앞에서 눈감고 두 손을 모아 묵상하기도 했다. 탑 주위를 별 생각 없이 돌다 보면 오묘한 즐거움이 불끈 솟았다.

더욱이 진영각까지 한 땀 한 땀 걸어가며 단풍이 물들어가는 가을의 정취를 흠씬 받아들이고, 지장전 건물 안에 있는 품격을 갖춘 사찰도서관에 들어가 《반야심경》을 사경하다가 책도 읽다가 보면 저

녘 무렵까지 지루한 줄 몰랐다. 그렇지만 난 항상 혼자였다. 말을 주고받을 상대도 없었다. 사람들이 오락가락 왕래하고 있었지만 가족 중심이어서 내겐 눈길조차 건네지 않았다. 곳곳에 우거진 오래된 나무들, 선방, 골짜기 등의 풍광만이 내게 낯익은 눈길을 보내오곤 했다.

어느 날 다른 때보다 일찍 경내에 들어선 참이라 탑돌이가 하고 싶어 탑 쪽으로 걷고 있었다. 그런데 설법전 들어가는 문이 열리더니 법복을 곱게 차려입은 여자가 나긋한 음성으로 들어와 차 한 잔 마시고 가라고 내게 권했다. 딱히 바쁠 일도 없었던 나는 따라 들어갔다. 알고 보니 그곳이 새신도회에서 하는 법회 장소였다. 불경에 대한 갈증이 있었기에 열심히 귀 기울여 참여했다. 불경은 가까이 하기에 난감한 경전이었다. 문장이 전부 한문인 데다가 낯선 단어들이 줄줄이 이어지고 있어 나는 새신도회를 이끌던 스님에게 엉뚱해 보일 수도 있는 질문을 했다. 그때 스님은 부처님 같은 온유한 미소를 지으며 내 물음에 막힘없이 술술 답변을 해주었다. 난 스님의 해박함에 놀라움을 금치 못했다. 그 일이 인연이 되었다.

공부를
시작하다

난 시골에 집이 있고 아들도 더 이상 서울에 있을 필요가 없어져서 시골로 내려갔음에도 불구하고 불교대학을 다닐 목적으로 길상사와 가까운 곳에 있는 고시원에 내 임시 거처를 정했다. 드디어 하릴없이 떠돌던 영혼이 정착지를 만나 둥지를 틀게 된 것이다. 불교에 입문해 열심히 공부에 매진했다. 하나씩 세상 이치에 대한 법문을 배워 익히는 습성이 일상이 되어갔다. 곁들여 이루어지는 종교 체험도 놀라웠다.

템플스테이로 하룻밤을 사찰에 묵었을 때, 송광사를 무박 2일로 갔을 때, 선운사와 내소사로 사찰순례를 다녀올 때, 언제든 정성을 다해 절을 올렸다. 백팔배를 하기에 성치 않은 무릎이었지만 개의치 않았다. 불교 공부는 마음먹은 것만큼 쉽지 않았다. 그래도 마음공부가 너무 하고 싶어 왔노라고 열심히 따라다녔다. '불성'이니 '공'이니 하는 말들이 강의의 화두로 떠올랐고 강의를 맡은 스님들도 진리를 체득하게 하려고 열성적이었다. 그러다가 기적이 일어났다. 어느 순간 그동안 내 마음을 점령하고 괴롭혀대던 번민의 소굴에서 놓여났음을 느꼈다. 세상을 보는 편협한 안목이 나도 모르게 혜안으로 바뀌어가고 있었다. 내 안에서 싹이 터서 변해가는 정신 혁명이었다.

3월부터 다음해 1월까지 공부를 하고 향운행香雲行이라는 법명을 받았다. 불교대학을 졸업하면서 부동품계도 받았다. 이어서 조계사에서 다른 도반들과 함께 포교사 시험공부를 했다. 용어조차 생소해서 따라가기가 쉽지 않았다. 이해도 힘든데 암기는 더 어려웠다. 그러나 열심히 노력한 보람이 있어 불교에 대해 문외한이라 어정쩡하기만 했던 내가 포교사 시험에 당당히 합격했다. 쓸데없는 걱정 근심에 매달려 산 지난날이 후회스럽기까지 했다. 광대무변한 우주 안으로 들어와 마음공부에 정진해 온 뿌듯함은 활력소 자체였다.

돌이켜 보면 욕심내고 화내고 어리석은 짓을 하는 탐진치 삼독에 빠져 끙끙댔던 허무감은 어떤 철학가의 말처럼 죽음에 이르도록 마음을 할퀴는 병이었다. 이젠 한갓 허탈감이 사소하게 느껴진다. 진리의 큰 바다 앞에서 겸허해지는 자신을 발견하는 순간 평상심이 회복되었다. 아직도 불법 앞에서는 새내기에 불과하기 때문에 예전의 못된 고집이나 습관이 남아 혼란에 빠져들지도 모른다. 그러나 불교의 한량없는 바다 안에서 헤엄치면서도 실제로 편할 날 없이 허투루 낭비하고 있던 망상들은 힘을 잃어갔다. 나를 괴롭히던 원흉이 물러나자 그 자리는 귀하고 좋은 선지식과의 만남으로 채워졌다.

옭죄던 마음에 평화가 찾아들었다. 갈팡질팡 정돈이 되지 않고 어수선하기만 했던 나. 황량한 벌판에 혼자 던져진 것 같은 두려움에 얼굴을 찌푸렸던 나. 그건 과거다. 이제는 염화미소를 닮아가고 있다.

보살을
만나다

포교사 연수 물품을 점검하면서 목탁을 사는 날 내 마음은 부풀었다. 나도 목탁의 낭랑한 소리를 들으며 경전을 외고 독경을 하겠구나. 범종루에서 예불에 쓰이는 법고와 운판과 목어와 범종 소리, 소리들! 제각기 축생, 지옥중생, 날짐승, 수중생물까지 꼼꼼히 챙겨 제도하는 그 엄숙함에서 천상의 조화를 배웠다.

새벽 종송 소리에 묻어나는 생명존중사상에 두 손을 합장한다. 하찮은 생물에게도 관심과 사랑을 기울이고 함부로 대하지 않는 그 자비심이 얼마나 따뜻한지. 발우공양을 하면서 깨달은 발심, 뜨거운 물도 무심코 수챗구멍에 함부로 버리지 않는 마음, 그 수챗구멍에서 느닷없이 물벼락을 맞고 죽을지도 모를 미물에게조차 해를 입히지 않으려는 배려심이 감동이었다. 불교방송에서 사시예불과 저녁예불을 경건하고 엄숙하게 행하는 모습에 동참하면서 저절로 고개가 숙여졌다.

소중하고 알찬 인연들과 만나게 돼서 힘이 솟는다. 그중 잊히지 않는 기억이 하나 있다. 어릴 때 불자였던 친정어머니를 따라 다닌 절이라 친숙해서 시력을 거의 잃은 상태인 지금도 기억만으로 좋아하는 절을 찾아다닌다던 내 또래의 아줌마를 만난 일이다. 겉보기에는 멀쩡했는데 명암 정도밖에는 구분하지 못한다고 했다. 병의 원인도 모른다는 그이와 이야기를 하며 길상사를 내려왔던 그날이 눈에 선하다.

다시 만나자고 약속을 하고 그 다음 주에 마포 불교회관 앞에서 버스를 타고 이천 행불선원에 비를 촐촐히 맞고 따라갔는데 사람들이 너무 몰리는 바람에 끝내 그 분을 만나지 못했다. 그 불심이 깊은 이가 뇌리에서 사라지지 않는다. 인도에 차가 들어오지 못하도록 세워놓은 말뚝에 걸려 다치는 바람에 고생이 많았다고 하면서도 구도자로서 부지런히 법회를 찾아다니는 그이의 모습이야말로 살아있는 관세음보살의 화신일지 모른다.

　비록 늦깎이로 들어온 불교신행이지만 나도 열심히 정진하리라. 그러라고 포교사의 길을 부처님이 안내해주신 게 아닌가 하는 생각을 한다. 내가 가진 재능을 성심껏 풀어쓸 일이다.

　참마음을 찾아서 헤매이던 길에 만난 불교와의 인연! 온전히 찾았다고 자부한다. 인간이 가장 귀하다는 것, 일체유심조, 자식이 부모를 선택한다는 것, 자력신앙이라는 것, 내 마음의 장벽을 허물고 부처님 앞으로 겸손하게 나아가는 게 참다운 신앙인의 자세임을 체득한 일은 참으로 다행이다. 더 이상 내 정체성에 대한 의구심에 빠져 허우적거리면 안 되겠다. 그러기엔 인생이 너무 존귀하고 남아있는 삶이 많지 않기 때문이다.

　앞으로 얼마나 내 여생이 남아있을지 모르나 부처님의 가르침대로 살아가는 신행활동을 실천하고 싶다. 하나의 티끌로 태어났지만 그 먼지는 세상의 모진 바람에도 함부로 부서지지 않는 의미 있는 티끌 한 점으로 기억되고 싶다.

바라밀상

포교의 길,
무소의 뿔이
되어

도정 장송기

이 모든 게
꿈이었으면

대학병원 중환자 보호자 대기실. 새벽이 되어 어둠이 걷히고 이제 일어나야 하는데… 하면서도 눈을 뜨기가 겁났다. 꿈이었으면 좋겠다. 오늘 하루를 어떻게 보내야 할지, 어떻게 감당해야 할지 엄두가 나지 않아서다.

때는 2002년 월드컵으로 온 국민이 열광하던 무렵, 아내는 13일째 대학병원 중환자실에 의식 없이 누워있었다. 출근 중에 교통사고로 머리를 다쳤는데, 사고 당시 가로수 두 개와 전봇대를 들이받았다. 뇌가 전체적으로 말 그대로 뇌진탕이 되어 의사들로서도 어떻게 손을 쓸 수 없단다.

처음에 아내 직장 동료로부터 연락을 받고 대학병원 응급실 앞에서 구급차를 기다렸다. 요란한 비상벨 소리와 함께 응급차가 들어섰다. 들것에 실려 내리는 아내 모습은 얼굴 왼쪽 일부가 함몰되어 뼈가 드러나 있었다. 눈두덩이는 찢겨 너덜거리고 앞니가 부러지고 입술이 터져, 그야말로 얼굴 전체가 핏자국과 상처투성이로 차마 볼 수 없을 정도였다.

곧바로 응급실에서 조치하고 중환자실에 옮겨진 후로는 그저 하루 두 번 오전오후 20분씩 면회하고, 이후로는 만일에 대비하여 중환자 보호자 대기실에서 마냥 의식이 돌아오기만을 기도했다. 할 수 있는 거라곤 긴장 속에서 기다리는 수밖에 없었다.

당시에는 사고 한 달 전쯤 어머니가 뇌출혈로 쓰러져 식물인간 상태로 익산 대학병원 중환자실에 누워있었다. 목에 호스를 꽂은 채 인공호흡기에 의존하고 있었는데 큰아들인 내가 각시와 함께 어머니를 돌보고 있던 참이었다. 이런 와중에 아내마저 사고로 중환자실에 누워있게 된 것이다.

잠이 들면 눈을 뜨기가 겁이 났다. 그래도 어쩔 것인가. 내가 감당해야 할 몫이다. 눈을 비비고 일어나 좌정을 하고 포교사 도반이 건네 준 《금강경》을 간절한 마음으로 독송했다. 그런데도 마음 한구석에서부터 절망감과 의구심, 서운함이 함께 뒤섞여 만감이 교차하는 것은 어쩔 수 없었다.

'내가, 우리 아내가, 왜 이런 고초를 겪어야 하지? 부부 포교사로서 남부끄럽지 않게 살려고 노력했고, 적어도 아내는 학창 시절부터 신행 생활에 충실하며 포교를 위해 누구 못지않게 열심히 노력했는데, 그 결과가 이런 건지?'

종교에 대한 원망과 회의가 불쑥 올라오고 불자로서 신념마저 흔들리고 있었다. 심적 갈등 속에서 몸도 지쳐가는 가운데, 사고 후 10여 일이 지나니 아내의 몸이 굳기 시작했다. 아내에 앞서 먼저 누워계신 어머니의 신체 변화 과정을 그대로 닮아가는 모습에 또 겁이 났다. 어머니는 병상에 누워 한 달 정도가 지나니 이미 몸이 굳어져서 무릎이 굽어지지 않았었다. 이를 지켜보면서 이왕 죽을 거면 서울에 있는 큰 병원에 가서 죽어야 여한이 없을 거 같다는 생각이 들었다.

어머니가 먼저 가셨다. 식구들과 장례를 치른 후인 13일 후에 다행히 아내는 의식을 되찾았다. 직장과 병원이 200여 미터 거리라서 직원들의 배려로 오전만 근무하고 오후에는 병원에서 아내를 돌볼 수 있었다. 2개월여 병원에서 숙식을 하며 간병을 했다. 이후 아내는 대학병원을 나와 일반 종합병원과 한방병원을 전전하며 2년 넘게 재활치료를 받았다. 사고 후유증으로 왼쪽 편마비가 발생하여 왼손을 늘어뜨린 채로 절뚝거리며 걸어야 했기 때문이다.

지루한 일상마저 그리워질 때

아내와 함께 비가 오나 눈이 오나 밖에서 걷기를 하는 한편 집안에서는 재활을 위해 매일 함께 백팔배를 했다. 시간이 되면 인근 사찰에 들러 절을 하며 건강 회복을 기원했다.

아내는 부러진 앞니를 두 번에 걸쳐 새로이 교체하고, 서울 대형병원에서 안과 수술을 받았다. 편마비 후유증으로 척추 추간판이 어긋나 유명 의료인에게 시술을 받다가 결국 서울 대형병원에서 수술을 받아야 했다. 자꾸 넘어지는 바람에 발목 인대가 기능을 상실하여, 결국 타인의 인대를 구해서 교체 수술을 받았다. 그 와중에 맹장이 터져서 곤욕을 치렀다.

　사고 후 15년이 지난 지금도 대장암 수술에 이어 후두부 악성 종양 제거 수술이 진행 중이다. 사고 후유증에서 벗어나지 못하고 있지만 그래도 다행히 지금은 차를 손수 운전하고, 포교사 팀활동을 하면서 법문을 들으러 매주 다니는 등, 일상생활에 큰 어려움은 없다.

　이런 과정을 거치며 삶에 대해 참으로 느낀 바가 많다. 그중 하나가, 매사에 감사하는 마음가짐이다. 우리는 이 시간 이 삶에 감사해야 한다. 하지만 딱히 할 일이 없어서, 심심하다고만 생각되어도 "뭐 신나는 일 없어?" 하고 투덜거리곤 한다. 그 무료함까지도 우리는 감사해야 한다. 그것마저 잃었을 때, '그때가 행복했었는데… 느끼지 못했구나!' 하는 회환이 든다. 힘든 일을 겪은 후에야 예전처럼, 그때처럼 돌아갈 수만 있다면 좋겠다는 마음이 드는 것이다. 지루할 정도의 일상까지도 감사했어야 함을 절감하는 것이다.

　아내의 재활 과정 중에서 지금 생각해도 우연이라고 치부하기에는 작지 않은 일이 있었다. 나는 이 일로 가치관에 큰 변화를 겪었고 삶을 대하는 마음가짐도 달라졌다. 한편으로는 진심으로 부처님 법을 가까이 하게 되었고 생명존중과 인연법을 깨닫는 동기가 되었다.

　사고 후 1년 정도 지나 아내도 어느 정도 몸이 회복되어 집에서 점차 안정을 찾고 있는 중이었다. 그래도 눈만은 사고 당시 충격으로 각막이 손상되고 눈꺼풀마저 내려앉은 상태였는데, 마냥 회복되기만을 기다리고 있는 상태였다. 의사도 신경 손상이라 현대의학으로는 어쩔 수 없으니 회복되기를 하늘에 맡기고 그냥 집에서 요양하며 기다리라고 말할 뿐이었다.

그러던 어느 날 작은 딸애가 햄스터 한 마리를 들고 왔다. 친구가 보기 싫다고 좌변기에 넣고 물을 내리려는 것을, 달라 해서 데려왔다고 한다. 그런데 하필이면 아내와 똑같이 왼쪽 눈이 덮어진 애꾸였다. 이를 보자 어쩐지 께름칙하고 썩 기분이 내키지 않았다. 그래도 아이가 데려온 것이니 짠한 마음에 그냥 키우라고 했다.

햄스터를 데려온 지 일주일쯤 되었을까, 예나 다름없이 퇴근하여 방문을 열고 막 들어서는데, 마주한 햄스터의 왼쪽 눈에서 희미하게 반짝하는 섬광이 보였다. 순간 형광등 밑에 서있는 아내의 눈을 동시에 보았는데, 햄스터와 똑같이 왼쪽 눈이 반짝했다.

그래서 아내에게 오른쪽 눈을 감게 한 뒤, 내 손을 흔들어 보였다. 아내가 그 모습이 보인다는 것이다! 움직이는 내 손이 희미하게 보인다고 했다. 갑자기 울컥하며 눈물이 나왔다. 당시 너무 힘들어 부처님 법마저 멀리하고 나에게 어찌 이런 일이 생기냐며 세상 원망도 많이 했었다. 그런데 햄스터와 각시 눈이 서서히 떠지기 시작했고, 정확히 한 주가 지나자 완전히 눈을 떴다. 햄스터도 눈이 회복되어 건강하게 잘 자랐다.

내가 직접 겪은 일이라 방생을 가거나 생명의 존엄성, 진솔한 신앙 생활에 대하여 말할 기회가 있을 때마다 이 일을 자주 인용하곤 한다. 그러면서 "무릇 온갖 악을 짓지 말고 착한 일만 행하여서 자기의 마음을 맑힘이 모든 부처의 가르침이다"라는 칠불통계게七佛通戒偈를 덧붙여 말한다. 누군가 생각하기에는 그저 우연의 일치일 수도 있고, 그냥 넘길 수도 있는 일이다. 하지만 생각하기에 따라서 소중한 가르침으로 가슴에 담는다면 앞으로 살아가는 지침으로 삼을 수 있는 일이다.

포교사 일을
수행 삼아

사고 이후, 아내는 다니던 농협을 그만 두고 집에서 재활치료를 하며 지냈다. 그러던 중 지역 포교단에서 간사 제의가 들어왔다. 아직은 심신이 완전히 회복되지 않은 상황이라 만류하였으나, 갑자기 집에만 있게 된 아내가 무기력해지는 거 같고, 나도 도우면 아내가 할 수 있겠다는 생각이 있어, 이를 받아 들였다. 포교사 일은 처음이라 염려도 되었지만 아내의 직장 경험이 많은 도움이 되겠다는 생각이 들었다.

  사무국 일을 맡아 보니 할 일들이 눈에 띄었다. 전문가가 아닌 전임자들이 어려운 여건 속에서 행정 일을 맡아 하느라 고생한 흔적이 역력했다. 우선 서류 작업과 예산 집행 등 개선해야 하는 부분들을 규정에 맞게 정리했다. 사업 추진이나 행사 기획도 행정기관에 걸맞게 꾸리면서 새로운 표준을 만든다는 마음가짐으로 일에 임했다. 그 결과 지역단 감사를 받았을 때, 감사 책임자가 같이 온 직원에게 서류는 이렇게 정리하는 것이라고 조언할 정도로 좋은 평가를 받았다.

지금도 가슴 뿌듯하게 떠올려지는 일이 있다. 섬 포교 사업이다. 종단으로부터 사업비를 지원받아, 전남 지역 섬 포교에 뜻을 같이하는 지역 불교신문·단체와 함께 2년간 섬 포교 사업을 펼쳤다.

섬 사람들에게 불교는 정서적으로 가까운 종교였지만 개신교의 적극적인 홍보와 전도사들의 저돌적인 개척으로 대부분 개신교에 넘어간 상황이었다. 섬 지역 사찰은 대부분 스님 혼자서 근근이 숙식을 해결하는 수준이었다. 사정이 그러니 사찰 관리라는 것도 버거웠다. 사업 추진을 위해 섬 현황을 조사한 후 이를 근거로 포교를 위한 거점 사찰을 정해 집중 지원하기로 했다.

섬 포교는 쉽지 않은 일이다. 육지와 달리 바다에 위치해 있으니 일단 교통비가 많이 든다. 기상 영향으로 접근조차 어려울 수 있어 항상 신경을 써야한다. 날씨는 물론 배 시간도 맞추어 새벽에 움직여야 육지에서 오갈 수 있다. 그럼에도 수많은 어려운 상황 속에서 그 많은 음식을 보시해 주는 스님이 계셨고, 기꺼이 자원봉사에 나서주는 한의사와 간호사 분들이 계셨다. 지역단의 문화예술팀이 지원에 나서 먹거리, 볼거리, 의료봉사, 이미용 봉사가 세트가 되어 움직일 수 있었다. 사찰 환경도 정비해 나가기를 1년 넘게 하니 신도가 불어나기 시작했다.

군에서도 지원하여 템플스테이 형식의 건물을 지을 수 있었고, 불교TV·불교신문 등 대중매체에도 여러 번 소식을 싣고 방영을 해 홍보에도 박차를 가했다. 포교단 내부적으로도 장기간 함께 움직임에 따라 서로 단합이 잘 되었다. 참여하는 포교사들에게도 이 일이 자긍심을 갖게 하는 계기가 되기도 했다. 지금도 그때를 기억하며 아쉬워하는 단원들이 많이 있다.

이후로는 사무국장으로 재직하며 지역단에 자원봉사팀을 신설하기도 했다. 사비를 털어 '좋은 인연'이라는 문구를 새긴 조끼도 제작해 입고 도움이 필요하다는 곳이면 어디든 달려가곤 했다. 지역에서 불교행사가 있다고 하면 주차안내·행사 진행·주방 도우미를 자원했고, 수시로 불우시설을 방문하여 식사를 제공하고 함께 공양하며, 화장실 청소·목욕시키기 등 봉사 활동도 병행했다.

당시에는 포교사라는 것이 일반에게 제대로 알려지지 않은 상황이라서 일반 신도와 스님께서는 포교사라는 게 무엇인지 그 자체를 모르는 경우가 대부분이었다. 하지만 지역 불교 행사에 거의 빠짐없이 참석하고 도움을 주면서 단복을 입고 자주 대중 앞에 서게 되니 자연스럽게 포교사라는 존재가 주위에 알려질 수 있었다. 이후로는 도움을 요청하는 사찰과 불교단체들이 많아 지원하느라 고생은 되었지만, 활동에 참여한 포교사들로서도 자부심과 보람을 느낄 수 있었다.

이대로 살아도 괜찮은가

들어오는 행사 일정들을 소화해내기 위해서는 집에서도 일을 해야 했다. 아내는 물론이고 나 역시 집에 오면 서류를 처리하고, 주말에는 부부가 거의 행사장이나 사무실에서 보내야 했다. 그러다보니 포교사로서는 참으로 보람되고 사명감으로 일하는 시기였지만 아이들에게는 부모로서 미처 챙겨주지 못한 아쉬움이 남는다.

한 번은 마라톤대회 급식봉사를 맡았는데, 봉사 인원에 착오가 있어 일손이 달렸다. 어쩌나 고심하다 마침 일요일이어서 집에서 공부하고 있던 고등학생 딸들에게 도움을 요청했다. 다행히 추운 날씨에도 아랑곳 하지 않고 아이들이 밝은 얼굴로 묵묵히 도와주어 행사를 원만히 마무리 지을 수 있었다. 지금 생각해도 아이들에게 참 고맙고, 한편으로는 애들까지 데려와서 꼭 그렇게 해야 했는지 미안한 마음이 크다.

많은 활동을 하다 보니 이러한 모습이 좋게 보였는지 지역 불교단체 추천으로 신문에 기사가 나기도 했다. 2012년 법보신문 새해 특집에 〈가족 포교사 1호 장송기·윤경숙 부부〉라는 제목으로 그동안의 신행 생활이 기사로 소개되었다. '최초의 부부 포교사'라고 불교신문에 실리기도 했다. 지금은 부부 포교사가 많이 있지만 2001년 우리 부부가 포교사 시험을 치를 때만 해도 드문 일이었다.

나의 신앙생활을 돌이켜 보면 재밌는 점이 있다. 공무원 인사기록 카드 종교란에는 기독교로 기재되어 있기 때문이다. 공무원 시험 당시만 해도 교회에서 청년회 활동을 하며, 새벽 예배도 열심히 다니고 심방에도 참여하는 등 나름 개신교인으로서 신앙생활을 충실히 했다. 하지만 개신교의 모순되고 불합리한 교리에 의구심을 갖던 중, 우연히 아내가 포교사 시험을 보기 위해 펼쳐 놓은 불교 서적을 보게 되었다.

불교 책들을 읽다가 마음에 와 닿고 공감되는 부분이 있어 자꾸 들여다보게 되었는데, 결국은 나도 아내와 같이 포교사 시험을 보게 되었다. 인과응보와 연기법이 매우 합리적이라 여겨졌고, 사법인과 팔정도는 살면서 부딪히는 인간으로서의 고뇌와 살아가는 방법을 잘 적시했다고 생각했다.

엉겁결에 발을 들여놓은 불자의 길이 지금에 와서 돌이켜보면 가끔은 누구 말마따나 자괴감이 들곤 한다. 불교에 대한 문제의식이 아니다. 나로서는 그동안 최선을 다했다고 자위하고 싶지만 포교사 업무에만 집중하다 보니 나 자신의 신행 생활을 소홀히 하고, 불법 공부를 게을리 하지 않았나 하는 생각이 들기 때문이다. 덧붙여 포교사로서 16년째 활동하고 있지만, 포교사 초년 시절의 열정과 신심에 미치지 못하다는 생각이 들기도 한다.

나 자신을
등불 삼아

며칠 전 출근을 하면서, 불현듯 '내가 왜 포교사 활동을 하는 거지?' 하는 생각이 들었다. 그동안 포교사 활동과 함께 각종 봉사를 하면서 내어놨던 시간과 비용을 고려하면 월급쟁이로서는 부담이 되었을 법도 하다. 그것도 부부가 함께하면서 말이다. 때로는 조직과의 갈등으로 상처도 받았다. 그러면서까지 이 포교사의 길을 고집하는 이유는 무엇인지, 자문해보았다.

그건 아마도 어설프고 일천한 나의 신심보다는 주변 포교사들의 진심 어린 모습, 불자로서 수행하는 모습을 지켜보면서 이들을 닮고자 노력했고, 주변 도반들이 동력이 되어 여기까지 온 거 같다는 생각이 들었다.

새로운 신규 포교사가 배출될 때마다 이를 지켜보면서 기대와 함께 걱정이 앞선다. 선배이고 임원이라면서 새내기들에게 포교사로서 의무만 강조하고 있지는 않은지, 과연 선배 포교사로서 귀감은 되고 있는지, 말로만 "포교의 꽃은 팀 활동"이라면서 앞에서 이끌며 모범을 보이지 않고 그들만 포교 현장에 내몰고 있는 건 아닌지, 자신을 뒤돌아본다.

그래도 다시 한 번 나를 다독인다. 주위 포교사들이 열정을 가지고 열심히 뛰는 모습을 지켜보면서, 우리 불교의 밝은 미래를 보는 것 같아 그들로부터 힘을 얻는다. "어두운 세상에 법등을 켜고, 한없이 가야 하는 포교의 길"이라는 포교사의 노래처럼 그저 무소의 뿔이 되어 나아가겠다.

포교사단장상

참생명
아미타불께 의지하며
살아갑시다

선행심 윤소녀

죽음의 얼굴

20대 후반에 결혼을 했다. 삼대가 함께 살았는데, 아이를 가지면 계속 유산이 되었다. 어느 날 노할머니께서 절이라는 곳을 가보자고 하셨다. 태어나서 처음으로 절에 가봤다. 이쪽으로는 아는 것이 하나도 없었다. 그때 노할머니께서 "한 마음으로 절을 해라" 하셨다. 시키는 대로 반나절 절을 했다. 다리가 아파 절면서 집으로 내려왔는데 그날 밤 꿈을 꾸었다.

꿈속에서 어떤 남자들이 나를 죽인다고 총을 들고 달려오는데 나는 쫓기고 있었다. 그런데 어느 스님 한 분이 바위 위에서 "빨리 내 곁으로 오시오" 하며 손짓을 하셨다. 그 스님 뒤로 파란 창살이 있는 샛문을 가진 작은 암자가 보였다. 스님은 나를 그곳 뒤주에 숨겨주셨다. 얼마간 시간이 지나 밖에서 "그 사람들이 다 지나갔으니 안심하고 나오시오"라는 목소리가 들렸고, 뒤주에서 나오는 순간 나는 꿈에서 깨어났다.

그 다음 날, 노할머니는 나를 다른 절로 데리고 가셨다. 그런데 그 절의 모습이 꿈에서 본 그 작은 암자와 똑같았다. 내가 마음으로 출가한 절 사리암이다. 사리암에서 천일기도를 시작했고, 그렇게 원하던 아들 딸을 가지게 되었고, 지금까지 쉼 없이 부처님 가르침을 공부하고 있다.

2011년도 정초 신중기도를 하던 날이다. 절에 들어서는 순간 약사여래부처님께서 윙크를 하셨다. 찰나의 순간이다. 눈을 비비고 또 비벼 봐도 꿈은 아니었다. 어떤 의미인지 알 수가 없었다.

정초 기도가 끝나고 양력 4월 초, 갑자기 몸에서 40도 이상의 고열이 나기 시작했다. 상상할 수 없는 한기가 들고, 하체는 마비되고, 무거운 공 같은 것이 온몸을 돌아다니며 무서운 통증을 유발했다. 혼자서는 화장실조차도 갈 수가 없었다. 병원을 다 돌아다녀봤지만 병명을 찾을 수가 없다고 했다. 대학병원에서도 아무런 이상이 없다는 대답만 들었다. 그렇게 한 달이 지나갈 무렵, 죽음이 눈앞에 찾아온 듯했다. 열이 올라서 의식이 없어질 정도였고 대학병원 응급실에 실려갔다. 모든 검사를 해보아도 병명이 나오지 않았다.

일주일간 조직을 배양한 결과를 토대로 무슨 병인지 진단을 해야 하는데, 조직을 배양하는 기간 중 조직세포가 계속 변이를 일으켜서 정확한 진단을 할 수가 없다고 했다. 병원에서는 항생제 투여를 통한 반응으로 병명을 진단해보려고 모든 종류의 항생제를 나에게 투여했으나 거부 반응들이 너무 무섭게 나타나서 중단할 수밖에 없었다.

고열이 지속되는데 너무너무 무서운 오한이 찾아왔다. 해열제를 맞으면 온몸이 땀으로 젖어서 하루에도 몇 번씩 환자복을 갈아입어야 했다. 무슨 병인지도 모른 채 시간만 흐르고 나는 고통 속에서 죽어가고 있었다. 내가 기댈 수 있고, 매달릴 수 있는 곳은 부처님밖에 없었다. 무언가에 홀린 듯 가족과 의사들의 반대에도 불구하고, 몰래 대학병원 안에 있는 조그마한 법당에 들어가서 병명이 나오게 해달라고 기도를 했다. 자나 깨나 아미타 부처님을 찾았다.

고열과 한기, 구토가 이어지는 한편으로 21일 기도를 마치고 병실로 돌아오는 날이었다. 악성 림프종, 그러니까 급성 혈액암 말기라는 판정을 받았다. 그때 나는 충격을 받기보다는 아미타 부처님께 감사를 올렸다. 적어도 어떤 병인지는 알게 된 것이다. 원인을 몰라 그동안 헤맸던 교수와 의사들의 초조하고 불안한 하루하루 역시 끝날 수 있도록 병명을 알게 해주신 부처님께 감사했다.

산 것도 아닌
죽은 것도 아닌

병명을 찾았지만 희귀병이라 백신이 없었다. 현대의학으로는 힘든 일이었다. 방법이 없으니 죽기 아니면 살기로 항암치료를 해보자고 결정했다. 하지만 2개월 동안 이름도 몰랐던 병마와 싸우면서 몸이 너무 쇠약해져 있었다. 항암제를 투여하면 위험할 수준이었다. 그러나 나는 급성혈액암이었기 때문에 체력이 회복되길 기다릴 시간이 없었다. 일반적으로 50~80% 투여하는 항암제를 100%로 맞을 수밖에 없었다.

무서운 후유증이 왔다. 심한 변비가 오고, 폐에 가스가 찼다. 응급실에서 코에 호스를 꼽고 4일간 가스를 빼내려고 애썼지만 빠지질 않았다. 생명이 위험한 상태라고 했다. 나는 죽기 전에 간다는 호스피스 병동으로 내려갔다.

그곳에 28일간 있으면서 매일매일 죽음의 그림자를 느꼈다. 어떤 환자는 염실에 들어갔다가도 살고자 하는 욕심에 그 고통을 안고 다시 호스피스 병동으로 나오기도 했고, 죽음이 가까워져왔음을 느낀 듯 시계만 쳐다보며 거친 숨만 헐떡거리다가 누군가를 애타게 기다리는 환자도 있었다. 어떤 환자는 의사에게 몇 날 며칠에 갈 거라고 선고까지 받았지만, 그런 말은 못 들은 사람처럼 먹은 음식과 약을 다 토하면서도 살기 위해 다시 밥을 먹고 혈변을 보면서도 살겠다는 의지 하나로 견뎌내어 결국 살아서 나갔다. 다른 사람들이 죽어가는 모습을 보는 걸 견디지 못해 병실을 옮기는 환자도 있었다.

의사들은 나에게 1인실로 가라고 권유했다. 하지만 나는 병동에 남았다. 생로병사가 무엇인지 알고 싶었다.

'무서움, 두려움, 괴로움, 탐욕, 애욕, 삶에 대한 집착 이게 무엇이란 말인가?'

'죽음은 하나인데, 죽음으로 가는 모습은 왜 각각 다른 걸까?'

'불교에서 말하는 업이 이런 모습일까?'

나의 이런 태도를 보고 옆 침대의 환자가 물었다.

"나도 종교가 있지만 이렇게 무섭고 떨리는데, 당신은 어떻게 젊은 나이에 그럴 수 있어요? 자식도 어리고, 남편도 있는데 죽음에 초연

할 수 있습니까? 당신은 당신이 말하는 종교의 부처입니까? 아니면 신이라도 되는 겁니까?"

그랬다. 나는 죽음을 앞두고 간다는 호스피스 병동에서도 초연했다. 그것은 부처님과 늘 함께하고 있다는 강한 믿음 덕분이었다. 그 한량없는 밝은 힘은 모든 어둠, 모든 두려움, 모든 괴로움을 뛰어넘는 맑고 밝은 대원력과 대지혜의 힘이었다.

정신은 초연했으나 순간순간 찾아오는 육신의 고통은 의지와 상관없이 내 몸을 죽음으로 끌고 가고 있었다. 백혈구 숫자는 계속해서 떨어지고 있었고, 의사들은 더 이상 할 수 있는 치료법이 없다고 했다.

'그래, 이제는 가야 되나 보다. 이 세상에 와서 내가 해야 할 일 다 끝났나보다.' 그런 생각이 들어 유언도 했다. 모든 것을 놓고 가야겠다는 생각을 하던 그 순간, 몸이 새털처럼 가벼웠다. 고통이 없었다. 찰나의 순간, 생과 사의 경계에서 부모님과 가족들이 떠올랐다. 나는 살아야겠다는 생각이 들었고, 참생명이신 아미타 부처님을 염송했다. 그리고 나는 살아났다.

스스로 피해서
물러가리라

항암제의 후유증이 끝나고, 죽음의 늪을 빠져나와서 첫 검사 때 담당 교수가 말했다. "기적이 일어났습니다. 어떻게 이렇게 맞지도 않는 항암제가 효과를 잘 받았는지 모르겠습니다. 목과 사타구니쪽에 있던 암 덩어리들이 완전히 없어졌습니다."

현대의학에서는 기적이라고 했지만, 나는 부처님 법에서 나오는 불가사의한 일이 나에게 일어났다고 생각했다. 그 후로 8차까지 항암치료를 더 받았고, 하루도 안 빠지고 기도를 했다.

죽지는 않았지만 이어지는 치료가 너무나 고통스러웠다. 그때는 아픔에 가족도 생각나지 않았다. 어떻게든 빨리 치료가 되었으면 좋겠다고 생각이 들 때마다, 이렇게 고통이 오는 것은 부처님을 더 가까이 하기 위함이라고 생각했다. 오로지 그 생각만 했다.

나와 같이 힘들어 하는 환자를 만나면 나의 고통은 잊어버리고 그들을 위로해주기 바빴다. 항상 우는 얼굴보다는 항상 웃는 얼굴로 그들에게 힘을 주고 싶었다. 그것이 바로 부처님의 자비의 마음이라 생각했기 때문이다. 끝이 안 날 것만 같던 항암치료가 드디어 끝났을 때, 교수가 말하기를 "이 병은 5년 내에 생존율이 10%밖에 안 되고, 골수를 이식을 해야 생존율이 20~40%까지 올라갑니다"라는 것이다. 가족들과 상의 끝에 '자가골수이식'을 하기로 마음먹었다. 그렇게 21일간의 무균실 생활이 시작되었다.

무균실의 치료법은 처참했다. 핏속에 남아있는 암세포를 없애기 위해서 내 피 속에 있는 건강한 세포까지 항암제라는 맹독으로 다 죽여야 했다. '왜 내가 죽지 않고 살았을까.' 후회를 한 적도 있다. 이

전 항암치료의 아픔은 아픔도 아니었다. 무슨 말로 어떻게 표현해야 할까. 지옥, 지옥이 이렇게 무서울까? 물을 마실 수도 없고, 밥을 먹을 수도 없고, 약을 먹을 수도 없고, 잠을 잘 수도 없고, 앉을 수도 없고, 설 수도 없고, 말할 수도 없다. 그렇다. 이건 죽은 시체나 마찬가지다. 오장육부가 녹아서 없어질 지경으로 일주일 내리 구토와 혈변이 이어졌다. 산 것을 후회할 만큼 고통스러운 시간도 결국에는 지나갔다.

무균실에는 환자 1명당 간호사 1명이 배정되어 있었다. 다른 환자들은 간호사에게 모든 걸 의지했으나 나는 그렇게 하지 않았다. 나는 오로지 아미타 부처님만을 의지했다. 물 한 모금만 먹어도 토하고, 입안이 다 헐어서 고름이 생기고, 몸은 욕창이 생겼다. 그래도 새벽 3시에 일어나서 아미타 부처님께 기도했다.

오전에는《금강경》사경을 하고, 오후에는《법화경》사경을 했다. 〈관세음보살보문품〉의 '독사와 살모사와 무서운 독충들이 독한 기운 불꽃처럼 몸 안에서 뿜을지라도 관세음을 생각하고 크게 부른 그 힘으로 소리 듣고 스스로 피해서 물러가리라' 하는 게송에 의지하여 이겨 나갔다.

무균실이 나에게는 토굴이라고 생각했다. 공부하며 늘 깎고 싶었던 머리를 깎을 수 있어서 감사했다. 함께 있던 사람들은 다 저 세상으로 먼저 떠났다. 하지만 아미타 부처님과 함께한 나는 21일의 기도를 마치고 나만의 토굴, 무균실에서 다시 광명의 세계로 나올 수 있었다. 빛은 눈이 부셨고, 나는 그 빛을 향해 감사의 삼배를 올렸다. 첫 번째는 나의 주불 아미타 부처님께, 두 번째는 대자연께, 세 번째는 나와 인연이 있는 모든 분들께 절을 올렸다.

부처님을
닮은 사람

병원에서 퇴원하고 사리암에 처음 왔을 때, 다른 보살들이 나를 보며 '저 보살은 그렇게 열심히 기도를 했는데도 저런 무서운 병에 걸렸네' 하는 시선들에 너무 가슴이 아팠다. 지금까지 부처님께 살려달라고 기도해본 적이 없었지만 돌아와서는 마음을 바꿨다.

'부처님 나를 살리십시오. 나를 살려야만 합니다. 다른 사람들이 "저 보살 부처님께 기도하더니 살았네" 할 수 있도록 나를 살려야만 합니다.'

그때 생각이 났다. 정초 기도할 때 약사여래부처님이 윙크를 하신 것. 그 순간은 이런 날이 올 거라는 암시였구나! 나를 더욱 성숙시키고 나를 더 신심 있고, 지혜로운 불자로 만들려고 지금 이 순간의 고통을 주고 있구나.

사람들은 어쩌다 이런 병이 왔냐고 말하지만 난 아프기 전보다 지금이 더 행복하다. 내가 살아난 것은 어떤 순간에도 흔들리지 않고 그 누구도 미워하는 마음과 원망하는 마음을 가지지 않고, 오직 부처님을 믿고 부처님 법에 의지하여 살아온 덕분이다. '나'가 있기에 '너'가 있다는 부처님의 가르침을 깨닫게 되었다. 나는 이 깨달음을 모든 사람들에게 전하고 싶다.

  나는 순간순간 선택했다. 부정의 힘보다 긍정의 힘을 선택했다. 나의 생명이 얼마나 남았는지 알 수는 없지만, 보너스로 받은 이 생명, 자신의 몸을 태워서 어둠을 밝히는 촛불처럼 많은 사람들에게 광명의 빛으로 나누어 주고 싶다. 천수천안 관자재보살님처럼 언제 어디서나 상대에게 득이 되고 덕이 되는 그런 참된 불자가 되고 싶다. 부처님을 닮아가는 사람이 되고 싶다.

바라밀상

날마다
연꽃 피어나는
걸음 되소서

혜우 전상우

화두
이야기

'부모에게 나기 전에 어떤 것이 참나인가?'

　팔공총림 동화사의 토요 철야 참선법회에 다니면서 받은 화두였다. 템플스테이를 갔다가 철야 참선법회가 있다는 안내를 받고 참석해본 자리였다. 저녁 8시에서 9시까지 지도법사스님의 법문이 있고, 이후 50분 화두 참선과 10분 행선을 6차례 정도 하면 새벽예불 시간이 되고, 동트는 아침에 사찰을 나오는 철야 정진의 경험이었다.

　어머니와 할머니가 다니시던 절에 소풍 삼아 따라 다니던 초등학생이 어느덧 마흔을 넘어서 그 분들에 대한 그리움과 극락왕생을 발원하기 위해 출발한 불교인의 생활에서 화두 참선은 새로운 출발점이었다. 나를 낳아주신 어머니. 그리고 대구로 초등학교 때 전학 온 형제를 애지중지 키워주신 할머니. 그 분들과의 애틋한 경험을 다 잊어야 참나가 된다는 말에 의구심이 들었다. 그 행복했던 시절은 참나로 살아온 시간이 아니었기 때문에 부정을 하고 그 너머를 바라보아야 깨달음을 얻어 진짜 불교인이 된다는 뜻인가도 싶었다.

　왜 이런 질문을 스스로에게 해야 하는지 궁금했다. 이게 질문이라면, 이게 풀린다면 깨달음을 얻고 어머니와 할머니가 수없는 시간 동안 불공을 드린 이유를 알 수 있을 것 같았다. 지금은 돌아가셨지만 그 분들을 다시 만날 수 있는 희망이 생길 것 같았다. 더구나 지난 2015년 세계간화선무차대회에 참가했을 때에도 진제 법원 대종사께서 광화문 광장에서 쩌렁쩌렁한 목소리로 한반도 통일과 세계 평화를 기원하면서 널리 던진 화두가 아니었던가. 그러니 더욱 믿고 의심할 수밖에 없었다.

일단 내 머리에서는 논리적인 이성이 작동하기 시작했다. 문장을 두 개로 나누었다. '부모에게 나기 전', '참나'가 그것이다. 일단 한 개씩 해결하자고 마음먹었다. '부모에게 나기 전', 그러니까 부모에게 나기 전에 나는 무엇이었는가 하는 점부터 생각을 했다.

아무리 찾아봐도 없다. 부모에게 나기 전에 나는 아버지의 정자도 아니고 어머니의 난자도 아니었다. 전생에 무엇이었는지는 아직 모른다. 부모에게 나기 전에 내 모습은 없다. 그 분들이 드셨던 각종 음식물이나 공기의 일부였다면 모를까, 지금처럼의 내 모습은 없는 것이다.

그런데 '참나'를 운운한다. 지금의 내 모습이 아니며, 어쩌면 나라는 형태도 없었는데 진짜 내 모습이 무엇인가를 묻는다. 또 '참나'가 있다면 가짜의 나도 있다는 뜻이리라. 이 지점에서 논리가 꼬이기 시작했다. 이런, 더 당황스럽다.

그런데 진제법원 대종사께서는 왜 지금도 법회 때마다 꼭 이 화두를 던지실까. 인품 좋고 온화하고 법문 하나 흐트러지는 곳 없으신 그 분이, 늘 멀리서만 뵈어서 꼭 한 번 곁에서 큰절 올리고 싶은 그

분이, 왜 이런 화두를 많은 연세에도 불구하고 꼭 빠트리지 않고 우리에게 아니 나에게 던지신 것일까.

지금의 재적 사찰이 된 대관음사를 3년간 다니면서 그 의심은 조금씩 풀리기 시작했다. 회주 큰스님과 여러 법사 스님들께《반야심경》,《법화경》,《금강경》 등을 배우고 혜문 스님의 참선 실참을 매주 해보면서 화두가 무엇인지, 화두 실참은 어떤 자세로 해야 하는지, 공空은 무엇이며 지혜와 자비는 무엇이며 어떻게 실천하며 살아야 하는지에 관해 조금씩 알아 나갈 수 있었다. 그런데 "부모에게 나기 전에 어떤 것이 참나인가?" 그 화두를 직접 풀어보고 싶었다.

지하철을 타고 다니면서, 일을 하면서, 등산을 하면서, 한겨울 말라붙어서라도 가지에 남아있는 나뭇잎들처럼 떨어지지 않고 내 몸에 끝까지 달라붙어 있는 것도 발견하게 되었다.

어느 순간 이 화두가 머리로 풀려고 하면 안 된다는 효광 스님의 법문이 떠올랐다. 화두가 삶의 지침이 된다면 '참나'가 무엇인지 구체적인 설명을 통해서 대답을 해서는 안 되겠다는 생각이 문득 들었다. '부모에게 태어나기 전에 참나는 이러저러한 모습입니다. 이런 저런 모습과 행동을 하는 것이 참나입니다'라는 대답을 찾기 위해서 궁리를 하다 보니 이렇게 복잡해진 것은 아닐까 하는 생각이 들었다. 처음부터 다시 자신을 들여다보기 시작했다.

어느 날에는 화두 참구 잘 하라는 말씀을 남기신 성철 큰스님의 흔적이 그리워졌다. 살아생전 한 번도 뵌 적은 없지만 해인사 백련암까지 조용히 스님이 오르내렸을 길을 따라 걸으면서 성철 스님께 여쭈었다. '무엇을 위해서 이런 화두들을 통해 수행 정진을 하라고 하셨습니까, 얼마나 더 답을 찾아야 깨달음을 얻을 수 있습니까?' 그렇게 잔설이 남은 구불구불한 길을 투정을 부리며 오르다가 암자 내 마당에 거꾸로 박힌 것처럼 있는 불면암을 보게 되었다. 오직 부지런히 수행 정진하라는 일침이 들려오는 듯했다.

차분한 마음으로 간화선 입문 수행책부터 다시 보았다. 그리고 BBS불교방송에서 각산 스님의 법문을 꾸준히 들으면서 생활 속에서 아침저녁으로 실참했다. 무비 스님의 《증도가》 강의책과 《화엄경》 강의, 그리고 초기경전인 《아함경》과 《달마대사어록》, 《선가귀감》, 《직지심경》 등도 조용히 명상하듯이 배워갔다.

조금씩 꾸준히 불교 수행의 끈을 놓지 않고 이어가던 중 아버지의 칠순 잔치가 있는 날이었다. 큰 식당에 예약을 하고 아버지의 만수무강을 기원하는 플랜카드도 만들었다. 사진을 찍으며 며느리와 손자손녀들 사이에서 행복해 하시는 아버지를 보면서 25년 전에 돌아가신 어머니가 떠올랐다.

'살아계셨으면 얼마나 좋았을까. 함께 계시면 더욱 좋았을 걸.' 일찍 돌아가신 어머니 생각과 함께 서먹했던 아버지와의 지난 세월이 스쳐지나갔다.

완벽한 부모는 없다

내가 고등학교 1학년 때였다. 중간고사 기간에 어머니는 갑작스레 돌아가셨다. 대구에 전학을 와있던 우리 형제는 급하게 고향으로 내려갔다. 응급실에 누워 계신 어머니를 보는 순간 지난 시절 동안에 술버릇이 심한 아버지 때문에 고생하신 모습이 함께 겹쳐졌다.

어머니는 대장 쪽에 문제가 생겨 밤새 괴로워했다고 한다. 아버지는 그때도 술에 취해 있었다. 어머니가 힘들게 병과 싸울 때 모르셨던 것이다. 아침이 되어 조금 술이 깨어 보니 고통스럽게 움직이지도 못하는 어머니를 발견하고 응급실로 모셨던 것이다. 하지만 어찌된 일인지 너무 늦어버렸다. 시골 병원에서 변변한 치료도 못하고 그대로 돌아가셨다.

그 이후로 우리 형제는 아버지에 대한 미움과 어머니에 대한 그리움이 섞인 상태로 지내게 되었다. 아버지의 술버릇은 나아지지 않았다. 우리도 어른이 되어 사업을 하게 되면서 아버지를 이해하는 부분도 있었지만 마음에 남은 앙금은 쉽게 풀리지 않고 있었다. 그러던 것이 칠순 잔치 때문에 온 가족이 다 모여 축하를 하는 자리가 되고 보니 지금 어머니는 안 계시지만 아버지라도 이 나이까지 살아 계셔서 우리 옆에 있어 준 것이 얼마나 다행인가 하는 생각으로 전환이 되었다.

나도 자식을 낳아 길러보니 그랬다. 자식한테 잘해준다고 해도 완벽할 수 없다. 내가 클 때와 종류가 달라서 그렇지 아이는 무엇인가에 대한 불만은 늘 나에게 갖고 있다는 것을 알게 되었다. 아버지가 우리에게 보인 모습은 그 시대의 삶을 살아가야 했던 아버지 세대의 그림자였던 것이다. 우리 세대는 또 그 나름대로 자식 세대에게 우리는 지금 느낄 수 없는 그림자들을 물려주고 있는 셈이다.

그날 저녁 집으로 돌아와 새벽까지 '부모에게 나기 전에 어떤 것이 참나인지'에 관해 궁리를 해보았다. 부모에게 태어나기 전에는 모르겠지만, 부모에게 태어난 이후에도 나는 아버지와 어머니를 사이에 두고 아버지는 우리를 괴롭힌 사람, 어머니는 우리를 사랑해주고 너무 일찍 돌아가셔서 안타까움을 주신 분이라는 생각으로 살아가고 있는 자신을 발견하게 되었다.

부모에게 나기 전의 상황은 알 수 없는 시간이다. 하지만 분명한 것은 부모에게 태어난 후에 아버지와 어머니에 관해 확연히 다른 태도를 갖지 않은 시기였던 것은 말할 수 있다. 그렇다면 그 시기에 참나의 구체적인 감각적이고 육체적이고 정신적인 모습은 없겠지만, 그때의 참나가 있다면 오직 아버지와 어머니에 대한 좋다 싫다의 경계가 없는 상태일 것이다.

순간 화두는 머리로 푸는 것이 아니라 화두 자체가 세상을 보는 거울이요, 돋보기요, 내 온몸이요, 삶의 운전대라는 체험을 하게 되었다. 화두 자체가 비뚤어지고 초점을 잃은 시력을 교정해주는 내 안

경처럼 삶의 온갖 경험을 제대로 있는 그대로 선입견 없이 바라보고 느끼게 하는 역할을 하고 있구나 하는 점을 발견하게 된 것이다.

다음 날 아침 일어나는 잠자리에서 몸을 뒤척이다가 화두를 떠올려보았다. 내 몸이 일어나기 싫어하는 이유가 느껴졌다. 이유를 알고 나니 몸이 가벼워졌다. 귀찮고 힘들다는 몸의 반응은 직장에서 받는 정서적인 편견이 쌓인 결과였다. 가볍게 주문처럼 '부모미생전 본래면목' 하는 문장을 비추니 눈처럼 사라지는 그동안의 판단과 정서들이 느껴졌다. 화두는 눈뜨고 살아가는 스스로에게 보내는 나침반이었다. 나침반이 늘 북쪽을 가리키듯이 화두는 매 순간 조율되지 않고 흔들리는 정서와 생각과 말을 미리 맑게 개어놓는 역할을 하는 바늘이었던 것이다.

그날 저녁 나는 아버지와 약속을 잡았다. 비싼 저녁과 약주를 대접해드렸다. 평소에는 술이라는 말만 꺼내도 화를 내는 아들이 먼저 전화를 걸어 아버지가 좋아하는 횟집에서 만나자고 하니 반가우셨던 모양이다. 그때 나는 그제까지 한 번도 하지 못했던 질문을 자연스럽게 마음에서 꺼낼 수 있었다.

"아버지, 그때는 왜 그러셨어요?"

아버지의 입장에서 그날 밤의 일들과 그날 이전과 이후의 일들이 한 사연 쏟아졌다. 원망과 원한 때문에 진작 물어보지 못했던 마음, 그래서 오해만 수십 년의 세월 동안 쌓아왔던 것이 풀리는 순간이었다. 중간에 형도 불렀다. 아버지도 찜찜했던 사연들을 다 풀어 놓고 시원해 하시는 모습이셨다. 아버지의 그런 뒷모습을 보니 우리 형제도 마음의 응어리진 부분이 풀리는 느낌이었다.

아니라고 믿었고 아닌 척했지만 아버지를 미워하는 마음이 한 구석 있었던 나다. 그런데 이제는 딱딱했던 어딘가가 눈물로 풀리며 우리를 부드럽게 연결하고 있다고 느꼈다. 그 순간 이후 나는 아버지를 위해서도 기도를 하게 되었다.

부모미생전
본래면목

수십 년 쌓인 마음이 화두를 들이대니 녹아내리는 것을 경험한 후, 일상에서도 언제나 연습하게 되었다. 아들 녀석이 화나게 해도 '부모미생전 본래면목' 하면서 나를 보았다. 그러면 화를 내고 있을 이유가 없었다.

아직 부엌살림이 익숙하지 않은 내가 주말에 가족들을 위해 요리를 하다가도 저 깊은 곳에서 '그냥 편하게 누워 있고 싶은데…' 하는 마음이 생기면, 그것이 아내가 나를 무조건 편하게 해주어야 할 대상이고, 나는 아내를 통해 어떤 이익을 보기 위해 결혼했다는 내면의 목소리에서 출발한 마음이라는 사실을 보게 되면서 부모미생전 본래면목도 그러한가 되물어 보게 되었다. 직장에서도 나와 다른 업무 스타일의 사람과 갈등이 생기면 다시 그렇게 화두를 들면서 '과연 나라고 하는 생각만 오직 옳은가'라면서 밝게 비추며 지내게 되었다.

부모에게 나기 전에 참나는 찾을 필요가 없었다. 왜냐하면 모든 것은 인연으로 생겼다가 사라지기 때문이다. 그것이 '무엇이다'라고 규정하는 순간 그것은 다시 먹구름이 되어 나의 인지와 정서와 행동을 왜곡시킨다. 조오현 시인은 말했다. "천년을 산다고 해도 성자^{聖者}는 아득한 하루살이 떼"라고. 우리는 하루를 사는 시선으로 맑게 집착 없이 서로의 안녕을 기원하면서 열심히 선업을 쌓으며 살아가야 한다. 더욱더 남을 위하는 마음으로 어떻게 하면 편견 없이 온몸으로 남을 위해 살 수 있는지를 궁리해야 한다. 한 걸음을 옮길 때에도 편견 없는 발걸음은 모든 순간이 땅에서 연꽃이 피어나는 것을 알게 된다.

우리는 원래 그렇게 태어났다. 양변에 집착하는 마음 없이, 분별망상을 버리는 마음으로 살 수 있도록 태어났다. 그러니 화두는 그런 마음 그 자체이고, 그 자리인 것이다. 우리 사회는 다양한 가격을 통해 각종 상품과 그 속에서 경험을 차별하는 것으로 유지되어 왔다. 불교가 처음 들어오던 시대에는 귀족과 평민의 큰 차별이 있었고, 지금은 자신이 갖는 자본에 따라서 구입할 수 있는 제품의 차별이 있다. 차별하는 시선과 차별을 수용하여 능력에 맞게 제품과 경험을 소비하는 것이 정의인 시대에 살고 있다. 그러니 오늘날에야 말로 간화선의 시선이 그 어느 때보다도 중요하고 확산이 되어야 한다.

화두는 그 답을 얻기 위해 분별심을 내면 어려워진다. 계속 깨쳐 가야 하겠지만, 지금까지 체험한 자리에서는 그저 간화선을 말씀하신 역대 선사들의 선물이 고마울 뿐이다.

간화선은 우리가 스마트폰을 사용하면서 전화도 받고 정보도 검색하듯이, 그냥 화두 그 자체로 모든 인식의 기준 역할을 한다. 온몸으로 체험하면서 자신이 하는 말과 행동의 의도를 또렷이 기억하는 인식의 틀로 지니고 살면 되는 것이다. 중도의 마음 심 한 글자를 염불하듯 삼면 될 듯하다.

그러면 과연 무엇이 남을까? 스님들은 더욱 다양한 방법으로 불법을 살펴서 쉽게 전하는 방법을 연구하는 것이고, 재가불자들은 더욱 서로를 위해 행복하고 즐겁게 사는 세상을 만드는 것이다. 더욱 열심히 수행하는 공동체를 만들고 인간과 자연이 서로 함께 잘 살 수 있는 세상을 만들기 위한 힘찬 노력과 실천만이 남게 된다.

힘들면? 힘들면 다시 화두 한 번 들면 온 빛이 사방으로 비춰지면서 지금 이대로 있는 그대로 온전하고 충만한 자신을 발견하게 된다. 세상 모든 존재들은 오직 지혜로 충만하고 자비로 무궁할 뿐이었다.

인욕으로 정진해야 한다
오직 정진하는곳에
깨달음이 있기 때문이다

바람 없이는
움직임도 없는 것과 같아서
정진이 없이는
북덕자랑은 결코 생기지 않는다

불교방송 사장상

엄마는 부처님
나는 문수보살

대원심 이경숙

엄마의 전화

엄마 가시기 두 달 전이다. 아들이 대학 입학 후 첫 여름방학을 맞아 3박 4일 간 부산 외가에 다녀왔다. 엄마는 손자가 집으로 출발했다고 부산역에서 공중전화를 거셨다.

"결이가 사춘기인 갑다. 대답도 잘 안 하고 웃지도 않는 거 보이."

"대학생인데 무슨 사춘기예요? 성격이 원래 그래요."

"형제 없이 자라 그렇제!"

엄마가 걱정하셨다.

"그저 부처님 전에 가 엎드려 있어요."

내 답답한 마음을 토로했다.

"문수보살! 맞다. 그럴 수밖에…"

언제부턴가 엄마는 나를 '문수보살'이라 부르셨다. '숙아, 이 선생, 사모님, 애미야…' 등 세월 따라 엄마가 나를 부르는 호칭도 변해갔기에 어느 날부터 문득 나를 '문수보살'이라 부르셔도 크게 궁금하지 않았다.

아들이 고3이 되며 입시기도를 시작한 나는 그제야 불법에 눈을 떴다. 부처님의 가피인지 아들은 무사히 대학에 합격했다. 그러나 고교시절 내내 공부와 진로를 두고 실랑이를 한 나와 아들 간에는 상당한 고랑이 패여있었다. 손주 때문에 딸의 속이 썩는 걸 안 엄마는 절에 올라 딸 대신 기도를 하셨다. 자식 넷을 홀로 기르며 속이 다 문드러진 엄마는 그날도 전화로 나를 위로해주셨다.

"그기 자식이고 그기 부모인기다."

그날, 엄마가 나를 '문수보살'이라 부르게 된 연유를 전화로 처음 얘기하셨다. 몇 년 전 엄마 꿈에 어떤 스님이 오셔서 뭘 건네시며 "문수동자다" 하셨단다. 엄마가 그걸 받으며 "우리 큰딸한테 줘도 될까요?" 물으니 "그래라" 하셨다고. 돌아가시기 직전, 병상에서 이 이야기를 한 번 더 해주셨다. 나를 '문수보살'이라고 부르신 엄마의 뜻은 부디 딸이 그렇게 지혜롭고 마음 넓은 보살이 되라는 부탁이 아니었을까? 혹은 주문이!

지나간
스산한 세월

40대 초반에 엄마는 혼자가 되었다. 집을 나가 새살림을 차린 지아비 대신 맏며느리의 봉제사를 30여 년 세월 동안 감내해냈다. '차라리 남편이 죽고 없으면 과부라 동정이라도 받지' 했던 탄식의 세월이다. 엄마는 외롭고 모진 그 세월을 부처님을 의지해 건너셨다.

새벽기도로 하루를 시작하고, 스님들의 법문을 듣고 삶의 의욕을 다졌다. 엄마는 그 신산한 세월을 단정한 필치로 일기에 남겼다. 내가 몰랐던 엄마의 삶이 거기 있었다. 펼칠 때마다 가슴이 먹먹하고 눈물이 앞을 가린다. 엄마는 시어머니가 두 분이셨다. 당시엔 두 분 다 돌아가신 뒤라 홀시아버지를 모시고 살았다.

〈1988. 7. 26. 백중이라서 절에 갔다. 항상 원하던 시어머님 두 분, 친정엄마 아버지 영가 천도했다. 마음이 개운했다.〉

〈2008. 8. 8. 무자년 백중기도. 혜원정사 우란분절 사십구재에 나는 5재부터 참석했다. 어제 6재 때 조상천도에 쓰는 모든 용품을 준비해서 올리고 기도하고 왔다. 친정부모 2만 원. 시부모 4만 원.〉

엄마는 해운대 폭포사와 범어사를 다니셨다. 자식들 생일과 부처님오신날, 동지엔 절에 올라 등을 다셨다. 아들네와 딸네 두 집 살림을 돌보며 무료진료소 찾아 아픈 다리를 달랬다. 노년에 이혼의 핍박을 받으며 심신이 피폐해졌지만 '부디 이 고통을 견딜 힘을 주소서!' 성심으로 기도하고 부처님 가르침에 의지해 견디셨다. 이 고난이 전생의 빚 때문이라 체념하시고 이생에선 열심히 살며 빚을 갚겠다고 마음을 다지셨다.

백중엔 며느리의 예를 지키느라 시부모 기도 동참금을 더 냈고, "여자가 한번 출가하면 죽어서도 그 집 귀신이 되어야한다"는 부모님 유언을 끝까지 지켰다. 그게 자식의 도리를 다하는 거라 생각했다. 참고 견뎌야 할 사바세상! 엄마는 진정 이 사바세상에서 인고의 도리를 다하고 가셨다.

나에게 오신 부처님

엄마는 늘 공부를 하셨다. 집 근처 작은 선원에서 불법을 배우며 부처님의 삶을 되새기셨다. 텔레비전을 보시다가 선인들의 지혜나 유익한 정보를 들으시면 일기에 꼭 적어두셨다가 전화로 내게 들려주시곤 했다.

엄마는 생전에 극락을 두 번 갔다. 그중 첫 번째 얘길 병상에서 아픈 배를 부여잡고 조곤조곤 내게 말해주셨다. 어느 날 꿈에 엄마가 극락에 갔는데 부처님들이 가득하시더란다. 방 안 가득 계신 부처님들을 보며, 중심에 계신 석가모니 부처님께 엄마가 청을 했다.

"부처님! 저리 많은 부처님들이 다 자리가 있는데, 왜 나는 없습니까? 나도 한 자리 주이소."

"그래? 그럼 너는 이리 오너라!"

그리고는 부처님 오른쪽에 자릴 내주셨단다. 2010년 9월, 그 무덥던 여름 끝 무렵, 엄마가 떠나셨다. 사십구재를 마치고 범어사에 엄마의 위패를 안치했다. 종무소에서는 위패가 모일 때까지 사십 여일이 걸린다고 했다.

서울 집에 돌아와 언제쯤 엄마를 뵈러 가나 하염없이 기다렸다. 그러던 중, 남편이 부산에 강의 차 내려간 길에 범어사에 들렀단다. 혹시나 싶어 절에 올라 장모님 위패 모신 곳을 찾았더니 엄마는 설법전 한 켠에 계시더란다. 밤늦게 남편이 돌아와 보여준 사진을 보았다. 사진을 보는 순간 나는 "어쩌면…!" 하고 탄식했다. 엄마는 범어사 설법전 부처님의 오른쪽에 앉아 계셨다. 그 모습은 바로 엄마의 꿈 내용이 실현된 것 아닌가. 엄마는 생전의 꿈대로 돌아가신 뒤 부처님 오른쪽에 안치되셨다.

언제나 겸손하고 사양하시는 성격인 엄마가 꿈에나마 어찌 그리 당당하게 부처님께 한 자릴 요구하셨을까 의아해 했는데, 엄마의 예지몽이 단순한 꿈이 아니었음을 마침내 입증하신 것이다. 엄마 가신 지 백 일 되는 날이었다. 그날이….

너무나 놀랍고 신비스러웠다. 또 엄마가 진정 이 땅에 오신 부처님이셨다는 걸 확인하는 순간이었다. 모든 불보살님은 세상에 나투실 때 모습이 정해져있지 않다고 했는데, 내게 오신 부처님을 어리석은 딸년이 몰라보고 그토록 홀대받고 고행을 겪으시게 했구나 하는 자책이 가슴을 쳤다.

엄마는 가시기 2년 전 또 한 번 극락에 가셨다. 사십구재 동안 엄마의 유품을 정리하다 그날의 일기를 발견했다. 엄마는 새벽에 극락에 다녀온 기쁨을 일기에 쓰고 종일 행복하게 하루를 보낸 후, 밤에 가계부 귀퉁이에다 또 극락을 본 기쁨을 적으셨다. 고단한 일상에 얼마나 큰 위안이 되셨을까.

〈2008. 3. 20. 나 보일성 극락 가다.〉
"나는 20일 새벽 꿈에 극락세계에 다녀왔다. 극락이 어떻게 생겼는지, 어디에 있는지, 참으로 극락세계가 있는지 궁금했다. 나는 20일 새벽 너무 황홀했다. 꿈을 깨고 나니 허황하다. 영원히 꿈을 깨지 말고 극락세계에서 살았으면 얼마나 좋을까⋯ 생각이 들었다. 이생이 싫다. 미워하고 저주하고 그러지 않아도 되고, 얼마나 극락세계가 좋은지 말로 어찌 다 하리요. 남은 여생 착하게 살고, 행복하게 살자. 이 사바세계에서 깨어나지 말고, 극락세계에서 영원히 살았으면 얼마나 좋을까. 부처님께서 남은 업장 다 풀고 오라고 보낸 것 같다. 나는 꿈에라도 극락세계 가 보고 오니 너무 기쁘기 한량없다. 내가 74년 동안 살아온 중 극락세계를 두 번째 가 보았다. 오늘 하루 종일 기분이 좋았다."

극락정토
연꽃송이

올해로 16년째, 중앙박물관 연구 강좌를 듣고 있다. 엄마 가신 다음 해에 용인대 배재호 교수의 불교미술사 강의를 들었다. 실크로드의 석굴사원을 훑은 뒤, 중국 산서성 주변의 북제 시대 석굴사원 불상을 공부했는데, 2학기 어느 강의 시간에 중원 지방의 아미타정토도상을 보았다.

육중한 바위를 깎아 조성한 석굴사원에는 선인들이 믿은 아미타경의 세계가 구현돼 있었다. 다양한 불보살들의 모습과 아름다운 채색으로 가득한 석굴벽화를 보며 한때 그 땅에 살았던 선인들의 신심과 열정이 그대로 전해져 가슴이 벅차올랐다. 얼마나 지극함이 사무쳤으면 이런 예술작품을 남겼단 말인가.

아미타정토변상도는 마치 그림을 그리듯 돌을 깎아 극락정토의 경관을 표현한 작품인데, 부처님들이 가득 앉아 계신 모습이 엄마의 그 꿈과 너무나 똑같았다. 엄마가 꿈에 부처님의 오른쪽 자릴 받아 앉으셨다는 것이, 돌아가신 뒤 영구위패가 안치될 장소를 선몽하신 거라 생각했던 게 잘못이라 느껴졌다. 엄마 가신 뒤 일 년이 다 돼 깨달았다.

'엄마는 아미타부처님 계시는 극락의 모습을 꿈에 보시고, 돌아가신 뒤 바로 그곳으로 가신 것이다. 엄마 꿈은 진짜 극락을 가리키신 것이었구나. 엄마는 진정 극락에 가셔서 그 많은 부처님들 한가운데 앉으신 것이구나. 반신반의 당신이 믿으신 세계에 엄마가 가셨거니 위로 삼았더니 그 거대한 행복한 세상에 정말 엄마가 가셨구나!'

아름다운 극락정토에는 활짝 핀 연꽃 송이마다 먼저 도착한 이들이 앉았기도 하고, 또 8공덕수 깨끗한 물에는 뛰어 들어 헤엄치는 이도 있으며, 아직 연꽃이 피지 않아 오므린 꽃송이 속에는 쪼그리고 앉은 이도 있다. 교수님 말로는 몇 겁이 지나서 그 사람의 공덕이 수준에 이르면 연꽃잎이 열리며 피어나 극락정토에 발을 내디딜 수 있단다.

어쨌거나 전율이 일도록 놀란 난 집에 오자마자 지난 '고려불화대전' 전시 때 산 도록을 펼쳐보았다. 먼 빛으로 강의실에서 본 중국의 불화가 아니라 우리 불화에서 좀 더 확실히 확인하고 싶었다.

고려 후기 작품인 〈관경십육관변상도〉에는 무수한 부처님들이 그림 중간 부분의 극락세계에 그득 앉아계셨다. 보석으로 장식된 나무들과 천상의 음악이 연주되는 아름다운 누각이 있고, 왕생자들을 맞이하는 아미타 부처님이 계셨다. 말할 수 없는 환희심이 솟았다. 엄마가 꿈에 보셨다던 극락이 어떤 모습인지 늘 궁금했었는데…. '그래! 선인들이 믿은 대로 극락은 저런 모습이겠구나! 엄마 임종 시 내가 통곡할 때에 아미타 부처님이 이렇게 손을 내밀어 우리 엄마를 맞으셨겠구나! 엄마가 계신 곳, 당신 힘으로 기어이 도달하신 곳, 극락정토!' 눈물과 탄식이 같이 터져 나왔다. 그리고 6년 반이 흘렀다.

그 후로 하루도 엄마 생각 않고 울지 않은 날이 없다. 못난 아비나 다른 자식들이야 어찌 했던 간에, 나라도 마치 외동딸인 듯 엄마를 귀하게 여기고 노년을 보살펴드렸어야 했는데, 장남인 오빠를 더 귀해 하신 게 섭섭하기도 했고, 함께 기거하는 동생네가 불편할까 봐 엄마께 자주 전화 드리지도 못했다.

엄마가 며느리 시집살이의 괴로움을 하소연할 때도 시누이 노릇

한다 소리 듣기 싫어, "요즘 것들 다 그래요. 나도 착한 며느리 아닌 걸 뭐!" 하며 대수롭지 않게 넘겼다. 그렇게 엄마편이 돼 주지 않았던 날들, 그 모두가 뼈아픈 회한으로 남았다.

엄마랑 쇼핑하고 같이 차 마시는 딸을 보면 부러움에 눈물이 솟고 찻값이라도 내주고 싶다. 동네 엄마 연배의 노인 분을 보면 한마디 말이라도 걸어본다. 엄마가 주신 유산이다.

"부디 지혜롭고 자비로운 보살행을 하는 사람 되어라. 문수보살 내 딸!"

엄마의 기원이 들리는 듯해 나도 마음속으로 가만히 축원한다.

'이미 극락에 가득하신 부처님들 중 한 분이 되신, 이승에서 내 엄마이셨던, 강 보일성 보살님! 부디 이제 극락에서 평안하소서!'

바라밀상

내 마음속의
부처님,
어머니

최성호(가명)

어긋나버린 길

조금은 특별한 이곳에서 나만의 아침 예불을 마친다. 활짝 열어본 창문으로 이제는 완연한 봄기운이 나를 맞이한다. 겨울이 저만치 달아나고 봄이 성큼 다가왔으니 내가 영어의 몸이 된 지 10년하고도 5년이라는 긴 세월이 흘렀다.

이제는 내 속에 남아있던 감정도 마음도 모두가 무디어질 때도 되었건만…. 아직도 내 마음속에서 너무도 아프고 아련하게 남아있는 단 하나의 존재가 있다. 바로 어머니다.

　나에게는 두 분의 어머니가 계시다. 날 낳아주신 어머니 그리고 날 가슴으로 낳아주신 지금의 어머니다. 생각만 해도 가슴 아픈 존재. 날 낳아주신 어머니는 내가 태어난 후 돌아가셨으니 기억이 나질 않는다. 효도는커녕 마흔이 훌쩍 넘은 자식 걱정에 담장 밖에서 나보다 더 아픈 징역살이를 하시는 어머니. 나에겐 마음속의 부처님이요 보살이시다.

　어머니는 내가 막 걷기 시작할 무렵에 나를 가슴으로 낳으셨다. 처음 날 품에 안았을 때 눈을 깜박거리며 옹알이하는 모습에 알 수 없는 벅찬 감동과 기쁨에 눈물을 흘렸다고 한다. 처녀의 몸으로 아무것도 없는 집안에 들어와 한 아이의 엄마로서 지내야 하는 삶을 운명이라고 받아들였다는 어머니. 그렇게 온전한 내 어머니로 살아오셨지만 난 중학교 3학년 때 처음으로 어머니가 날 낳아주신 게 아니라는 사실을 알았다.

하늘이 무너져 내렸다. 어머니에 대한 배신감에 어머니를 아프게 해야겠다는 생각밖에 없었다. 그때부터 나는 다른 사람이 되어갔다. 술과 담배 그리고 환각제까지. 나 자신도 나를 통제할 수가 없었다. 부모님은 하루가 멀다 하고 사고를 치고 다니는 아들 때문에 경찰서는 물론 나에게 폭행당한 사람을 찾아다니며 고개 숙이고 비는 것이 일상이 됐다. 그런데 그런 부모님 아니 어머니를 보면 속이 시원할 줄 알았는데, 전혀 그렇지 않았다. 이유를 알 수 없었다.

결국 학교에서도 퇴학 처분을 받았다. 이웃에서는 나를 정신병원에 보내지 않을 거면 동네를 떠나라는 항의가 들어오기 시작했다. 도피처가 필요했다. 어딘가로 떠나지 않으면 정말이지 미칠 것만 같았다.

마침 군대 영장이 나왔다. 나는 도피처 삼아 입대를 했다. 하지만 군대에서도 적응을 못했다. 입소 첫날부터 조교에게 폭력을 휘둘렀고, 나는 관심사병이 됐다. 훈련소 퇴소식에도 어머니 면회를 거부했다.

자대배치를 받았다. 아들이 보고 싶어 새벽같이 준비해서 왔는데 내 얼굴도 보지 못하고 돌아설 때의 심정이 두 분 인생에서 가장 아프고 힘든 순간이었다고 한다.

말없는
눈물

얼마 후 첫 휴가를 나와서도 밖을 서성이다가 집이 빈틈을 타 들어갔다. 옷만 갈아입고 나올 생각으로 서두르다가 신발을 찾으려고 신발장을 열었을 때, 그동안 보지 못했던 박스가 하나 있었다. 박스를 열어봤다.

박스 안에는 여러 권의 노트와 앨범이 들어있었다. 앨범 속에는 내가 있었다. 아기 때부터의 성장 과정이 잘 정리돼 있었다. 사진 속 어린 아이는 무엇이 그리도 좋은지 눈이 보이지 않을 정도로 웃고 있다. 하지만 점점 자라면서 웃음을 잃고 있었다. 나에게도 한때는 어머니와 행복하던 시절이 있었는데 싶었다.

오래 돼 보이는 노트의 첫 장을 펼쳐본 순간, 가슴이 먹먹해지기 시작했다. 다름 아닌 어머니가 날 처음 만난 순간부터 기록해온 육아일기였다.

나를 처음 품에 안고 눈을 맞췄을 때 가슴 벅찼던 순간, 내 입에서 엄마라는 소리가 처음 나왔을 때는 세상을 다 가진 듯 기분 좋았다던 순간, 내가 힘들어하던 시절 내가 돌아오길 바라는 애절함….

하지만 일기에는 날 원망하는 내용은 없었다. 그저 당신 잘못이라고 했다. 아들이 너무 그립고 보고 싶다고 했다. 예전의 아들로 돌아와 달라는 간절한 기도밖에 없었다. 일기를 읽어 내려가던 나는 한 대목에서 결국 오열했다.

어머니는 내가 초등학교에 입학할 무렵, 임신을 했다. 하지만 나 하나만을 위해 중절수술을 받았고 불임수술까지 받았다는 내용이었다. 당신도 사람이기에 아이를 낳고 싶었지만 나를 위해 아이를 포기하고 한동안 우울증에 시달렸고 아이를 간절히 원하던 아버지도 많이 힘들어 했다고 한다.

더 이상은 읽기가 힘들었다. 갑자기 어머니가 너무 보고 싶었다.

집밖으로 뛰어나가 미친 듯이 어머니를 찾아 다녔다. 눈물이 앞을 가려 앞이 제대로 보이지 않았지만 무작정 어머니를 불렀다. 내 자신이 너무 미워서 내 뺨을 마구 때렸다. 그래도 용서할 수가 없었다. 그렇게 한참 만에 동네 절에서 어머니를 찾았다. 스님 말씀이 하루도 빠짐없이 절을 찾아와 기도를 하고 돌아가신다고 하셨다. 이 못난 아들을 위해서….

당신 삶을 다 희생하고도 아픈 몸을 부여잡고 절을 하는 어머니한테 달려가 안기어서 한참을 울었다. 죄송하다고, 날 용서해 달라고….

아무 말 없이 내 등을 두드려주던 어머니도 눈물을 흘리셨다. 그렇게 우리는 먼 길을 돌아 진짜 모자가 됐다. 이제는 정말 어머니를 아프지 않게 하겠다고 나 자신과 약속을 했다.

단 하나의 서원

몇 년 후, 사업을 하던 나는 한 순간의 실수로 영어의 몸이 되었다. 또다시 어머니의 가슴에 대못을 박았다. 이제는 어머니를 뵐 면목도 없지만 어머니는 늙은 몸을 이끌고 담장 안 아들을 보러 오신다. 오래 전 아버지가 돌아가시고 몸이 아파도 힘들어도 당신 혼자 이겨내시면서도 내색 한 번 하지 않는 어머니시다.

오늘도 어머니는 못난 아들을 위해서 부처님 전에 절을 하고 기도를 하신다. 나도 어머니를 위해서 매일 새벽 백팔배와 사경, 정근으로 하루를 시작한다. 내게는 어머니가 부처님이시고 스승님이라고 생각한다.

15년이라는 긴 세월 자유 없이 구속된 삶을 살면서도 내가 이 힘든 순간을 이겨낼 수 있는 원동력은 바로 어머니다. 십수 년을 매일같이 부처님 전에 기도를 올리며 이루고 싶은 단 하나의 서원이 있다면, 다음 생에는 꼭 어머니의 부모로 태어나서 평생을 나를 위해 희생하신 삶을 돌려드리고 싶다. 하지만 누가 어머니와 같은 희생을 할 수 있을까.

코끝을 스치는 향긋한 봄 내음이 어릴 적 어머니 품에서 나던 향기 같다. 지금 이 순간 어머니가 너무 그립다. 내 마음속 부처님 어머니가 보고 싶다.

법보신문 사장상

김 순경

홍연화 박영미

호스피스의 하루

'부처님이시여! 늘 부족하기만 한 제 곁에 함께하여 주소서.'

죽음을 향해 달려가는 삶에서 온몸으로 죽음을 거부하며 몸부림치는 그들 틈 속에 오늘도 하나가 되어있는 나는 50대의 호스피스 간호사이다. 호스피스는 현대의학으로는 치료가 불가능하다고 의학 판정이 내려진 경우 환자가 평안하게 임종을 할 수 있도록 돌보는 일이다. 봉사자, 종교인, 사회복지사, 의사, 간호사 등으로 이루어진 호스피스팀이 환자는 물론 그 가족들이 신체적·정신적·경제적·사회적으로 지원받을 수 있도록 무조건적인 사랑으로 행하는 총체적인 돌봄이다.

매번 새로운 환우를 만나러 갈 때마다 나는 기도한다.

'자애로우신 부처님! 저의 작은 움직임이 그 분들에게 힘이 될 수 있도록 해주시옵고, 끝까지 지켜보아주십시오.'

환우에게 검은 그림자가 급박하게 다가올 때면 나의 마음을 잘 다스리고 환우와 가족을 다 수용하도록 해달라고, 큰 원력과 지혜를 달라고 부처님께 마구 매달리기도 한다.

K종합병원 간호부로부터 호스피스 요청을 받은 날도 그랬다. 환자가 너무 무서워 의료인을 포함한 가족들도 접근이 안 된다고 했다. 평상시의 전화 문의와는 사뭇 달랐다.

김 순경은 위암 말기였다. 32세이고 무교였다. 그 병원의 간호사였던 누나가 24시간 365일 돌보고 있다고 했다. 김 순경도 한 집안의 가장이었지만 장녀인 누나와의 사이를 그 누구도 파고들 수가 없었다. 누나의 가정과 그 시댁, 김 순경의 아내와 처가, 본가의 형제들, 누구도 그 둘에게 다가가지 못했다. 어두운 그림자만 숨가쁘게 다가오고 있었다.

절망과 분노의 깊이

호스피스 팀을 구성하고 파악하기 위해 누나인 간호사와 우선 상담을 했다. 간호사인 누나는 호스피스에게 크게 기대를 하지 않는 기색이었다. 처음에는 부족해보일지 몰라도 시간이 갈수록 사랑의 힘이 크게 발휘될 수 있는 호스피스에 대해 설명하며 함께 해나가자고 제안했다. 그러면서 환우를 소개해달라고 했다.

며칠의 기다림이 이어졌다. 누나는 호스피스를 받아들이기로 결정했다. 김 순경의 첫 인상은 분노에 가득 찬 무표정이었다. 그는 말을 잃어버렸다. 무엇이 김 순경을 저렇게 만들었을까? 성나고 화가 가득한 무서운 인상. 김 순경의 절망과 분노의 깊이는 어떠한지, 얼마나 넓은지 알 수 없었다.

의료적인 과거력을 들어보니, 불과 3~4개월 전만 해도 검진 결과 아주 건강한 젊은 순경이었다고 했다. 그런데 갑자기 몸무게가 줄고 몸이 이상해서 병원에 가니 위암 말기라는 날벼락을 맞은 것이다.

위암이 급격히 진행되면서 속이 매스껍고 지속적으로 구토가 나오니 무섭고 견디기 힘들었을 것이다. 위에서 샘물 솟듯 고이는 출혈로 인해 피를 계속 토하고 혈변을 보게 되어 병실에는 피비린내가 진동했다. 거기에 증상 치료를 위해 서양의학과 동양의학을 접목해 장침을 놓고 쑥뜸을 떠서 그 냄새가 오래 머물고 있었다. 병원 내부에서는 냄새가 난다고 민원이 발생하기도 했다.

돌봄이 시작되기 전에는 꼭 환우에게 물어보고 원하는 대로 한다. 1주일 행사, 2주간의 행사, 월중행사를 계획하고 가족과 의논한다. 일의 경중을 나누어 의견을 묻고 내용을 공유한다.

김 순경은 호스피스들이 밤 10시에서 새벽 2시 사이에 오기를 원했다. 밤이 너무 무섭고 두려워서 늘 불을 켜놓고 있다는 것이었다. 밤에 환우에게 가는 것이 자원봉사자들에게 많은 부담이 되는 것이 사실이다. 조금이라도 도움이 되어야 하는데, 폐는 끼치지 않아야 하는데 하는 우려들이 있는 것이다.

우리는 가족 상담을 통해 그 시간에 4명이 갈 수 있도록 했다. 환우에게 허락을 받아 교대로 병실에 들어갔다. 코끼리 다리같이 부어오른 김 순경의 다리를 조심스럽게 사랑을 가득 담아 마사지를 해주었다.

봉사자들은 각자 기도하기로 했다. 나 역시 기도했다.

'절망과 두려움, 분노 속에서 방황하는 그 마음속에 당신의 자비가 깃들게 하시고 고통 중에서 사랑을 얻게 하여 주시옵소서. 내 아들 같은 김 순경입니다. 부처님, 상황이 역시 급하오니 빨리 빨리요. 아셨죠? 부처님!'

먼저 용서하기
게임

의식이 있고 임종이 다가올 때, 우리는 다 같이 용서 구하고 용서하는 시간을 가졌다. 시작은 이렇다. "누가 먼저 할까요? 용서는 누가 먼저 구할까요?" 웅성거리는 사이 내가 먼저 하기로 했다. 나는 먼저 김 순경에게 용서를 구하기 시작했다.

"못나고 부족한 친구들을 초대해주어서 고맙습니다. 부족한 돌봄이 마음에 안 들 텐데 너그럽게 용서해주세요. 김 순경, 용서해준다면 나는 김 순경 당신을 끝까지 옆에서 지키고 정기적으로 방문하고 김 순경이 부를 때는 지체 없이 달려올게요!"

아무런 말이 없었다. 그냥 쳐다보기만 하다 시간이 지나갔다.

어느 날, 전화가 왔다.

"언제 오세요?"

천금과 같은 입으로 김 순경이 말을 토해내고 있었다. 나는 김 순경이 말문을 열면 물어보고 싶은 것들이 있었다. 의식이 명료할 때 이야기했으면 하는 일들이다. 앞으로 어떻게 해주면 좋을지, 유언이나 유서가 있는지, 장례 방식이나 당부하고 싶은 말 등이 있는지….

나는 그날 저녁 아잔타 석굴에 있는 부처님의 열반 모습이 담긴 액자를 포장하여 가지고 갔다. 인사도 하기 전에 김 순경이 액자를 손으로 가리켰다. 뭐냐는 것이었다. 보고 싶으냐고 물으며 나는 김 순경이 누워서 잘 보이는 정면에 액자를 놓았다.

"뭐 하고 계시는 것 같아요?"

"주무시는 모습입니까?"

"네, 어때 보여요?"

"편안해 보여요."

"그럼 앞으로 주무실 때 김 순경도 그랬으면 좋겠어요."

부처님이 김 순경을 지켜봐주고 계셨다.

봄을 재촉하는 비가 부슬부슬 내리는데, 하고 싶은 이야기가 있다고 불렀다. 아버지와의 관계였다. 어릴 적부터 아버지가 술 한 잔 드시고 집에 오면 자고 있는 자식들을 다 깨워놓고 훈계하고 잔소리를 계속했다고 한다. 아이들 잠을 재우지 않아 엄마가 말을 하면 때렸고, 무서웠고 두려웠다고 했다.

김 순경이 결혼을 하고 아이를 낳았지만 아버지는 여전했다. 김 순경이 야간 업무를 하고 자고 있는데도 방문을 열고 들어와 옛날의 행동을 반복하는 것이었다. 또한 결혼한 딸과 김 순경의 통장을 아버지가 관리한다고 했다.

김 순경은 이런 상황을 받아들일 수가 없고, 아버지를 용서할 수 없어 그로 인한 분노가 쌓여 이런 병이 온 것 같다고 했다. 김 순경의 어머니는 자신도 모르게 얼굴이나 신체 일부분을 움찔거리거나 이상한 소리를 내는 틱 장애 같은 것이 있는데 바로 아버지 때문이라고 했다. 김 순경은 아내가 원하는 대로 마지막을 처리해주기를 바라고 있었다.

김 순경의 이야기는 일목요연했다. 그리고 자신은 죽어가고 있는데 아무것도 할 수가 없는데, 무엇을 어떻게 해야 하냐고 물었다. 나는 액자를 가리켰다. 부처님의 열반 모습처럼….

김 순경의 말문이 트이고 마음이 조금 열리고 있어 나는 병실에 들어오는 이에게 말은 하지 않더라도 손을 내밀 수 있겠는지 물었다. 그는 고개를 끄덕였다.

나는 김 순경의 아버지께 어렵게 제안했다. 김 순경에게 용서를 구할 수 있겠는지…. 아버지는 매일 서너 시간 약초 물을 달여 아들에게 가져다 주었다. 그날도 아버지는 약초 물을 끓여 왔다. 그는 김 순경에게 용서를 빌었다. 김 순경은 손을 내밀었다. 두 사람은 굵은 눈물을 흘렸다.

작은
소풍

5월 5일 어린이날이 다가오고 있었다. 김 순경에게는 두 돌 안 된 아들과 다섯 살 아들이 있었는데 아빠를 잘 따랐다고 했다. 그런데 이제는 아빠는 아프고 무서운 사람이라 아이들이 피하곤 했다.

마지막일지도 몰랐다. 아이들이 좋아하는 선물을 가지고 아빠에게로 초대했다. 아이들이 병실 문을 열고 들어오자마자 김 순경은 웃는 얼굴로 손을 내밀었다. 아이는 머뭇머뭇 거리더니 아빠에게 달려가서 안기곤 선물만 받고 눈치를 살폈다. 옆에 있던 식구들도 손을 잡아주고 미소를 지었다.

김 순경이 병원을 떠나고 싶어 했다. 집에는 가고 싶지 않다고 해서 병원 가까이 있을 곳을 수소문 했다. 있을 만한 곳이 잘 구해지지 않았다. 그러던 중에 내가 다니던 사찰에 빈 방이 있는데, 환우가 원하는 방을 선택해서 기거해도 좋다고 주지스님께서 전화를 주셨다. 너무나 고마웠다. 내가 발걸음 무겁게 왔다갔다 하는 모습을 스님께서는 눈 여겨 보고 계셨던 것 같았다.

김 순경은 아내와 함께 기거했는데 새벽 목탁 소리에 2층인 법당에 올라가고 싶어 했다. 대신 휠체어를 타고 코끼리 다리를 질질 끌면서도 1층 나무 계단 앞에 걸터앉아 예불소리를 듣곤 했다. 스님께서는 몸바꿈을 설명해주시고 따뜻하고 정성스럽게 소리 나지 않게 배려해주셨다. 절의 벽에는 이런 문구가 붙어 있었다.

고귀한 침묵(묵언)
말은 번뇌를 일으켜 많은 업을 짓게 되니
스스로 조심하여 말을 삼가는 묵언을….
묵언은 늘 마음을 고요하고
평화롭게 합니다.

마음의 평화가 도래할 즈음 다시 출혈이 시작됐다. 지혈과 수혈을 위해 병원에 입원했다. 부처님의 열반 사진도 함께 입실되었다. 호스피스들과 김 순경은 약속을 했다. 우리는 김 순경의 이름이 대희大喜라서 크게 기쁘게 해줄 것이라 믿었다. 이름대로 하실 거라고 말하곤 했다. 출혈은 멈추질 않았다. 우리는 침묵으로 서로를 바라보고 있었다.

이제 김 순경은 문을 열고 들어오는 이들을 안아주었다. 뺨을 비비는 얼굴은 조금 더 평화롭게 보였다. 밤 9시경 김 순경은 평안히 깊이 잠들었다. 땅바닥 치며 대성통곡 할 것 같았던 그의 가족들은 아무도 울지 않았다. 김 순경의 어머니는 "우리 대희가 너무나 평안히 자고 있다"고 나에게 말했다. 나는 기도했다.

'김 순경 고마워요. 당신의 이름은 대희. 우리를 크게 기쁘게 하고 간 사람이라 기억해요. 고마워요 대희 씨, 김 순경. 당신은 부처님 따라 가셨군요. 나무아미타불, 나무아미타불, 나무아미타불.'

바라밀상

마음의
연꽃을
피우기 위해

법인화 조성희

어머니께
절을 올리다

불교 집안에서 태어나 불교 집안의 남편과 만나 결혼했다. 두 집안 모두 어머니들만 불교를 믿으셨는데 한 달에 두어 번 오직 자식들 잘되게 하려고 부처님 앞에 빌러 다니셨다. 내 아이 둘이 대여섯 살 되었을 때부터 어머니를 따라 온 가족이 1년에 한 번, 초파일에만 사찰에 따라가곤 했다. 사찰에서 주는 맛있는 비빔밥 먹으러 가는 정도였다. 큰아이가 중학교 1학년이 되자 나도 어머니처럼 사찰에 가서 기도를 하고 싶어서 집에서 가장 가까운 봉은사를 찾아갔다. 《천수경》이 무엇인지 《반야심경》이 무엇인지도 모르고 그냥 법당에 가서 불전 넣고 삼배만 하던 시절이다. 그렇게 사찰의 분위기에 젖어들기 시작했다.

아무것도 모르고 낯설기만 한 법당의 분위기에 어색해하던 나에게 옆에 앉은 노보살님들이 하나하나 도움을 주셨다. 그러던 중 어느 보살님의 소개로 우이동 보광사, 정일 스님 계신 곳을 가게 됐다. 그곳에서 〈광명진언〉,《지장경》,《관세음보살 보문품경》,《금강경》,《원각경》,《묘법연화경》,《선가귀감》을 차례대로 공부하면서 조상님들 천도재도 함께 지냈다. 부처님의 경전을 열심히 읽고 법문도 들으면서 나의 신심은 깊게 다져지고 있었다. 특히 《금강경》 읽는 것이 너무 좋아 나의 소의경전 삼아 하루에 한 번씩 꼭 읽게 됐다.

그런데 어느 날 느닷없이 어머니께서 성당에 다니시겠다는 것이었다. 시누이가 어머니를 설득한 것 같았다. 갈등이 왔다. 어머니께서 천주교에 가려는 마음을 굳히신 것 같아 나로선 어떻게 설득할 방법이 없었다. 시댁 친인척들 모두가 개신교나 천주교에 다니고 있었다. 지금처럼의 신심이 그때 나에게 있었다면 어머니의 천주교행을 극구 말릴 수도 있었을 텐데 나에게 아무런 힘이 없었다. 어머니께선 "넌 그대로 절에 다녀라" 하셨다. 남편도 의논 끝에 어머니는 성당에 가시라 하고 나는 그대로 불교를 믿도록 배려해주었다.

몇 년이 지난 후 연로하신 어머님이 돌아가셨다. 돌아가시기 전에 시누님이 신부님을 집으로 모시고 와서 어머니를 위해 기도를 해드리곤 했다. 집안에서는 천주교식으로 장례를 치르기로 했다. 천주교 묘지로 모시기로 하고 묘지 계약금도 납부했다. 그런데 말일 전날, 시누님이 아침에 오시더니 어머님을 천주교 묘지로 모시는 것을 다시 생각해보자고 했다. 전날 꿈에 어머니가 나오셨는데 천주교 묘지는 가기 싫다고 하셨단다. 남편은 어머니 영정을 지키며 조문객을 맞이해야 했기 때문에 시누이와 나는 상복을 입은 채 예정되어 있었던 묏자리에 가봤다.

지금은 어떤지 모르겠지만 당시에는 천주교 묘지에 모시려면 원하는 장소를 고르는 것이 아니라 무조건 차례대로 자리를 받아야 한다고 했다. 어머니가 가실 묏자리를 보니 옆에 깊은 골짜기가 있는데 큰 소나무 뿌리가 우리에게 예정된 자리로 뻗고 있는 상태였다. 그래서 이건 아니다 싶어 공원묘지를 알아본 후에 자리를 잡아서 어머니를 모시게 됐다. 묘비에 십자가를 그려 넣자는 시누이의 의견을 따라 그대로 했다.

신부님과 천주교 신도들과 함께 천주교식으로 장례를 치른 후 남편과 나는 어머니 영정을 모시고 보광사로 가 사십구재를 올리기로 했다. 재가 끝나는 날 시누이 내외는 참석을 못하신다고 하셨다. 이유는 성당에 다니면서 부처님께 절할 수 없다는 것이었다. 왜 부처님께 절 한다고 생각하시느냐, 어머님 좋은 곳에 가시라고 재를 올려드리는 것이니 어머니께 절 올린다고 생각하면 되지 않겠냐고 설득했다. 시누이 내외가 오셨다.

큰스님 법문도 듣고 도반들이 〈가야지〉 등 찬불가를 불러줬다. 시누님은 내 손을 잡으며 눈물을 흘리며 그동안 어머니 모시느라 고생 많았다고 말씀해주셨다. 나 역시 사십구재 올리면서 어머니께 그간 못해드리고 잘못한 일 많이 참회하며 울기도 많이 울었다. 잘 모시지 못한 자손들이 부모님 돌아가시면 많이 운다고들 하는데 아마 나를 두고 한 말 같았다.

막재 끝내고 온 날 어머니께서 깨끗한 옷을 입고 거실에 앉아 나를 바라보는 꿈을 꾸었다. 그 표정이 뭔가 미안해하는 모습 같았다. 이렇게 꿈에 모습 보이신 걸 보니 아마도 어머니께서 좋은 곳에 가셨으리라 생각한다.

두려움도
아픔도 없이

보광사 원주스님 배려로 종무소에서 봉사를 했다. 그러면서 함께 봉사하는 보살님들과 '삼륜회'라는 모임을 갖게 됐다. 그러던 중 모임의 도반 가운데 한 분이 어려운 병에 걸려 끝내 속세를 떠나고 말았다. 내가 봉은사 새벽기도를 열심히 다니던 때였다.

　속세를 떠난 도반의 사십구재가 있던 날도 나는 새벽기도를 다녀와 가족들 출근 준비를 돕고는 잠깐 잠이 들었었다. 꿈에 내가 책상 앞에서 《금강경》을 읽고 있는데 누가 옆에 와서 나보고 자꾸 나가자고 졸라댔다. 나는 이 경을 다 읽고 가겠다 하고는 계속 읽고 있는데 자명종이 울려 그냥 깨고 말았다.

　사십구재에 가기 위해 서둘러 동부간선도로를 달렸다. 나는 운전 중에 항상 《반야심경》을 외우는데 그날도 그렇게 달리고 있었다. 그런데 어떤 차가 느닷없이 내 앞으로 추월하며 달려드는 것이다. 급히 핸들을 틀어 충돌을 피하려다 그만 중앙분리대를 들이받고 말았다. 그 충격으로 내 차는 강 건너 반대쪽 차선에 떨어지면서 반대편에서 오던 차와 부딪쳤다. 유리창이 다 깨진 것은 물론이고 차가 너무 찌그러져서 나를 꺼낼 수가 없다고 했다. 나를 추월했던 차도 분리대를 들이박고 강가에 떨어졌다고 했다.

　정신을 차리고 보니 병원 중환자실이었다. 가족들이 한 명씩 휜

가운을 입고 와서 나를 잡고 우는 것이다. 나는 어디 아픈 데도 없고 아무렇지도 않았는데, 사고 났을 때 두려움도 없고 추월해오던 차와 부딪치지 않으려고 핸들을 튼 기억밖에 없는데 나보고 얼마나 놀라고 아프냐며 걱정들을 했다.

나는 경추에 금이 가고 이마가 찢어지고 오른쪽 손목이 부러져 있었다. 이상한 일은 내가 아무 통증도 느끼지 못했다는 것이다. 목은 고정시키려고 석고 붕대를 하고 이마는 꿰매고 손목은 드릴로 뚫어 철심을 박고 깁스를 했다. 철심을 박을 때 의사가 아프니 참으라고 했지만 두려움도 느껴지지 않았고 실제로 통증이 하나도 없었다.

차를 폐차시킬 정도로 큰 사고였는데 어째서 이 정도만 다칠 수 있었는지, 아무 후유증 없이 이렇게 멀쩡히 생활할 수 있는지 부처님의 가피가 아니고서는 도저히 있을 수 없는 일이었다.

매일 도반들과 보광사, 봉은사 스님께서 병원을 찾아주셨다. 20여 년이 지난 지금도 도반들과 스님께 감사한 마음 그지없다. 입원실에는 주로 교통사고 환자들이 있었는데 제일 나중에 입원한 내가 경과는 가장 좋아서 제일 먼저 퇴원하게 됐다. 손목 철심을 빼고도 물리치료 없이 손목을 잘 움직일 수 있었다.

입원실에서는 늘 금강경 독송을 틀어놓고 있었다. 내 옆의 침대엔 기독교인 환자가 있었는데 이 분은 불교 경전 소리를 들어도 아무 말 없이 친절히 대해줬다. 모든 인연들에 감사할 따름이다. 병원에 입원 중이라 아들의 졸업식과 대학 입학식에도 참석 못했지만 아무 후유증 없이 이렇게 건강히 다닐 수 있는 것이 어디인가. 불보살님의 힘이 아니면 있을 수 없는 일이다.

사고 후 3년이 지났을 때 삼각형으로 깨진 차 유리창의 파편이 내 머리에서 2개, 손등에서 1개가 저절로 나온 것도 기적이 아닐 수 없다. 이 파편이 장기 어느 곳에 있었다면 나는 과연 지금처럼 괜찮을 수 있을까. 생각만 해도 끔찍하다. 그 두꺼운 파편이 살을 뚫고 나오는데 피도 안 나고 아프지도 않았다. 부처님과 조상님과 모든 가족과 도반들께 너무 감사한 마음이 들어 눈물이 주르륵 흘렀다. 어느 스님께서 큰 교통사고로 인해 내 업장이 다 소멸되었다고 위로해주셨다.

퇴원 후 얼마 안 있어 꿈을 꾸었다. 흰옷을 입은 어느 할아버지께서 "내가 이가 아프니 심원사에 가서 치료를 해다오" 하시는 것이다. 심원사가 어디에 있는지도 몰랐는데 조계사에 물어서 철원에 있다는 심원사를 찾아갔다. 그렇게 영도 스님 밑에서 3년을 《지장경》 읽으며 조상님들 천도재를 해드렸다.

발보리심하여
성불하여지이다

부처님께서 길 위에서 중생들을 제도하시다 길 위에서 열반하신 것을 생각하면 가슴이 뭉클하고 눈앞이 흐려온다. 이 은혜를 어떻게 갚아야 할지 모르겠다. 내 분수에 맞게 보시 등 육바라밀을 행하며 노력하며 열심히 기도하는 것이 조금이나마 부처님 은혜에 보답하는 길이 아닐까 생각한다.

성철 스님의 '남을 위해 기도하라'는 말씀을 늘 간직하고 있다. 기도는 부처님께 구걸하는 '청구서 기도'가 아니라 감사의 기도인 '영수증 기도'를 해야 한다고 알고 있다. 즉 긍정적인 기도를 해야지 부정적인 기도를 하면 무엇이나 부족해지기만 한다. 늘 바라고 요구하는 기도를 하지 말고 감사하는 마음을 가져야겠다.

자기가 좋아하는 경전을 하나씩 갖고 늘 읽고 외우고 사경하면 좋을 것 같다. 《금강경》은 우리들의 업장을 벼락 같이 때려 부숴주는 경이라 한다. 나는 30년 이상을 언제 어디서나 무슨 일이 있어도 《금강경》을 한 번씩이라도 독송하며 늘 지니고 다닌다. 그 덕분인지 아들, 딸 모두 불교 집안과 혼인을 시켰고 건강하고 총명한 손자와 외손녀를 맞이하게 된 것 같다.

세속을 떠나 다시 어떻게 태어날지 모르지만 이 세속에서 내가 지은 조그마한 공덕과 모든 감사함을 '일체중생이 모든 고통에서 벗어나서 행복하게 잘 살면서 정법 만나 발보리심해 성불하여지이다' 하는 기도로 회향하곤 한다. 참회, 발원, 회향, 감사의 순으로 늘 기도하며 나의 하루 새벽을 연다. 기도 후엔 단 5분이라도 나를 찾는 참선수행을 한다. 이렇게 반복하다 보면 언젠가는 내 마음 연꽃의 싹이 트리라 기대해본다. 몇 억겁의 생이 거치게 될지 모르겠지만…

바라밀상

날마다
좋은 날

수경도 김미숙

관세음보살의
미소

2012년 동짓날. 어느 작은 시골동네의 조그마한 사찰로 향했다. 밝은 얼굴의 스님께서 반가이 맞아주심에 편안한 마음으로 법당에 올랐다. 그렇게 부처님 전에 인사드리는 것이 나의 발원의 계기가 됐고, 기도라는 것에 심취하게 되었다.

 당시 아들은 학사장교로 임관하여 중위 계급을 달았다. 아들은 고교 시절부터 군인이 되길 원했었다. 군인이 자기 길이라 생각했는지 군인으로 남고 싶음이 마음 가득함을 알고, 엄마라는 이름으로 해줄 수 있는 건 기도밖에 없음도 알았다. 직업군인이 되는 길이 얼마나 높은 경쟁률인지, 그 경쟁을 뚫을 빛이 보이질 않았다. 스님께서는 그저 시간 날 때마다 천배를 올리라 하셨고 난 입을 딱 벌리며 천배를 어떻게 하냐며 반문도 했다.

 매주 주말에는 무조건 절에 왔다. 사시예불 시간 전까지 천배를 올렸다. 처음엔 4시간가량 소요되더니 몇 주하고 나니 2시간 30분 정도 걸렸다. 시간이 갈수록 점점 더 환희에 찼다. 관세음보살님을 염하면서 절실하게 일심기도에 온 힘을 다했다. 그 중간에 삼천배도 했다.

 삼천배를 올리던 날 마지막 200배 정진을 하던 중 관세음보살님을 보았다. 관세음보살님의 아래에는 오색찬란한 아름다운 꽃들이 만발해있고, 등 뒤에선 커다란 빛이 발산되었고, 관세음보살님의 얼굴에선 커다란 웃음이 나를 향하고 있었다. 이 환희로움을 어찌 표현할 수 있을까.

처음엔 천배도 힘들었는데 삼천배도 거뜬히 해내면서 환희심에 가득한 나는 미칠 정도로 기뻤다. 과연 이런 일이 있을까 하는 의구심도 생겼지만 오직 나에게 주어진 관세음보살님이 나투신 모습이기에 생생하게 지금까지도 이 마음을 간직하고 있다. 이 일로 1년 작정한 기도가 신명나게 진행되었다.

어느덧 아들의 최종 합격 발표가 있던 날, 역시나 법당에 앉아 신묘장구대다라니를 독송하고 있었다. 난데없이 뜨거운 눈물이 폭포수처럼 흘렀다. 그러나 상단의 관세음보살님은 웃고 계셨다. 땀과 눈물과 콧물로 범벅이 된 나는 잠시 쉬고자 물 한 잔을 마시고 있는데 아들의 전화가 왔다. "엄마, 고마워. 합격이래." 차분한 음성의 그 말을 듣는 순간 또다시 뜨거운 눈물이 시야를 가렸다. 기쁜 소식을 함께한 스님께서도 울었다.

세월의 아픔을
흘려보내고

시간이 흘러 수중에 10만 원 한 장 없는 상황에 아들의 결혼 얘기가 오고갔다. 막막했지만 무사히 진행될 수 있게 도와주십사 부처님께 기도 올리고 순리대로 진행해 나갔다. 더욱더 깊어진 기도로 용맹정진했다.

결혼식 날짜는 정해졌는데 무일푼으로 이 상황까지 왔으니 답답하기만 했다. 그런데 날짜가 정해진 뒤부터 여기저기서 많은 도움이 들어왔다. 어찌된 일인가 싶을 정도로 주변의 도움을 받고 무사히 아들 결혼식을 마치고 나니 무일푼이던 내 수중에는 오히려 여유의 뭉칫돈이 생기게 됐다. 이 모든 게 부처님께서 보살펴 준 가피 때문이라는 믿음 아래 더욱더 나의 신심은 깊어갔다.

부처님을 만나기 전 살아온 세월의 아픔을 어찌 말로 하겠는가. 집이 있었지만 형편상 남에게 전세를 주고 우리는 월세 생활을 해야 했다. 그런데 우연한 기회에 대출을 받게 되어서 7년 만에 우리 집에서 살 수 있게 되었다. 그것으로 나날이 좋은 날일 줄 알았는데 남편이 직장에서 많은 고통을 받고 있다는 걸 나중에야 알았다. 물론 본인의 일처리 잘못으로 인해 생긴 일이지만, 그 일로 남편이 죽음까지 생각했다는 얘기를 나중에 들었다. 퇴직금은커녕 오히려 회사 측에 많은 돈을 갚아야 했다. 다행히 아량 넓으신 사장님이 그동안 남편이 성실하게 일한 것을 인정해서 부채는 무마시켜주었다. 나는 다시 한 번 부처님께 감사드렸다.

남편은 퇴직금도 받지 못한 것에 분해서 안달했고 실의에 빠졌지만 나는 남편을 다독였다. 내 것이 아닌 것에 애태우지 말자고 했다. 예전 같으면 '그 돈이 어떤 돈인데' 하면서 나 역시 방방 뛰었을 것이다. 나는 상상도 못할 만큼 변해있었다. 모든 게 부처님 뜻이라고 생각했다. 부처님 품안에서 놀다보니 마음도 알아차려지고 조금씩 욕심도 놓아지는 나를 발견하곤 한다.

이 일로 인해 지금 남편은 나보다 더 부처님 품에 파고들어 마음놓기에 심취해있다. 재적사찰에서는 없어서는 안 되는 거사가 되어 버렸다. 타 종교에서 보면 십일조라는 것이 있듯이 우리 불자들도 일정 보시금을 해야 한다며 1일 보시금을 적립해서 부처님 용돈이라며 절에 가는 날 복전함에 넣는다. 너무나 이쁜 남편으로 돌아온 것이다. 생활은 넉넉지 않지만 항상 부처님 가르침대로 순리대로 살아가니 편안하다.

가르침대로
살아가는 것이 기도

아들 내외가 결혼 4년차에 들면서도 아이가 생기지 않아 내심 걱정을 했다. 가끔 부처님께 욕심도 내보았다. 그러던 중 친구와 함께 봉정암에 올랐다. 나는 발원문을 작성해서 갔는데 그저 건강하고 부처님 품안에서 놀 수 있는 손주 하나 주십사 간절함으로 1박 2일 기도했다. 가는 날 첫눈을 맞았다. 왠지 모를 벅참과 기쁨으로 온몸이 도배가 되었다.

한 달쯤 되어갈 무렵, 분명히 태몽을 꾸었다. 그런데 아들은 아니라고 했다. 며칠 지나 내 폰에 태아 사진이 날아왔다. 손주는 신기하게도 '한방'이라는 태명으로 우리 품으로 왔다.

'부처님! 이래도 되는 겁니까? 피 터져라 죽도록 기도하면 이리도 가피 주심을 남들은 왜 모를까요.' 지난 설날 아침에는 손주 녀석의 튼튼한 심장소리를 선물받았다. 녀석의 심장소리에 내 심장이 멎는 듯했다. 역시 봉정암 부처님이라며 감사하고 또 감사했다. 이제 8월이면 꼬물거릴 한방이를 맞이한다. 이쁜 할머니 보살로 만나고 싶다. 나중에는 마정수기도 받게 하고 싶다.

기도라는 것, 수행이라는 것은 그저 훌륭하신 부처님 가르침대로 살아가는 것이라고 생각한다. 부처님 말씀만 실천해도 선업 짓는다는 것을 아는 삶이 되었다. 요즘은 수행일지를 쓰면서 다시 한 번 나를 돌아보고 있다. 새벽 4시 촛불 켜고 향 사르며 조용히 목탁을 든다. 그리고 6시경까지 나만의 새벽기도 시간을 갖는다. 이 새벽기도의 기운이 나를 아는 모든 이들과 나와 연이은 모든 이들이 거룩하신 부처님 가피 속에서 날마다 좋은 날이 되길 바란다.

나무 석가모니불

나무 석가모니불

나무 시아본사 석가모니불.

신행수기 공모 안내

불자님들의 지극한 신심과 가피 이야기를 담은
신행수기 공모는 해마다 부처님오신날을 앞두고
진행됩니다.

공모 기간
매년 1월 1일부터 4월 30일까지

공모 자격
조계종 신도증 소지한 불자님

공모 메일
sugi@beopbo.com

문의
법보신문 02)725-7011